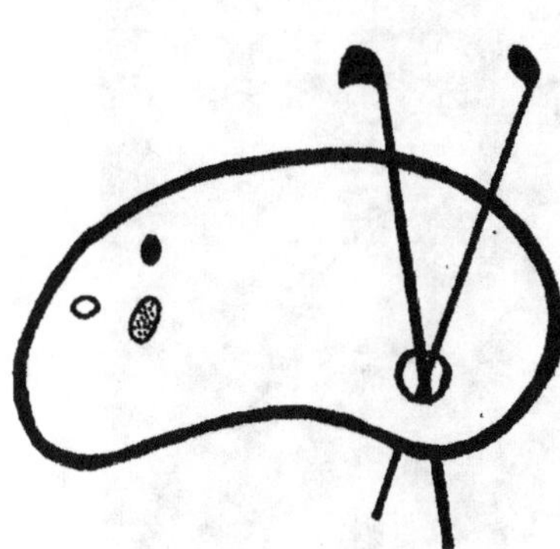

DEBUT D'UNE SERIE DE DOCUMENTS
EN COULEUR

Contraste insuffisant des couvertures
supérieure et inférieure

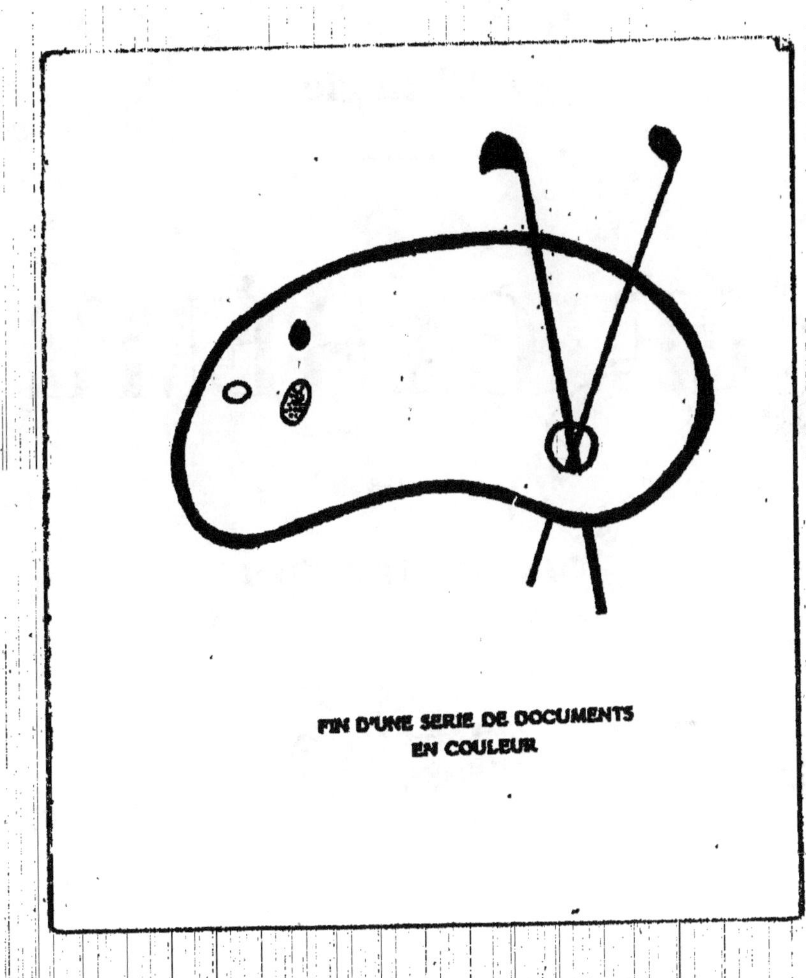
FIN D'UNE SERIE DE DOCUMENTS
EN COULEUR

Liturgie.

—

LE CARÊME

PAR

V. ERMONI

PARIS

LIBRAIRIE BLOUD ET Cⁱᵉ

4, RUE MADAME, 4

1907

Traduction et reproduction interdites.

MÊME COLLECTION

DU MÊME AUTEUR

Les Origines de l'Episcopat. 3' édition (203).. 1 vol.

La Primauté de l'Evêque de Rome dans les trois premiers siècles. 3' édition (244)........... 1 vol.

Le Symbole des Apôtres. — *Histoire du Credo.* 3' édition (248) .... 1 vol.

L'Agape dans l'Eglise primitive. 3' édit. (273). 1 vol.

L'Eucharistie dans l'Eglise primitive. 3' édition. (290). 1 vol.

Le Baptême dans l'Eglise primitive. 2' éd. (298). 1 vol.

Dans la collection **"LA PENSÉE CHRÉTIENNE"**

Saint Jean Damascène, 1 vol. in-16. 2' édition.

Prix : 3 francs, *franco* 3 fr. 50.

AVANT-PROPOS

Le Carême occupe une place importante dans l'année liturgique. C'est le temps qui nous prépare à la fête de Pâques, et qui impose aux fidèles des pratiques de pénitence. La sainte quarantaine, durant laquelle l'Eglise est comme plongée dans la tristesse, s'achève dans la joie et l'allégresse. Tout le monde a une sensation plus ou moins vague de l'importance et de la signification du Carême ; mais peut-être n'en connaît-on suffisamment ni l'histoire, ni les vicissitudes qu'il a subies dans le cours des âges. Le but de cet opuscule est de combler cette lacune. L'auteur ne vise qu'à donner aux chrétiens une connaissance à la fois plus complète et plus exacte de la sainte quarantaine. Son étude est exclusivement historique. C'est en parcourant les siècles chrétiens, en interrogeant les documents et les textes que l'on peut arriver à dessiner nettement le cadre de la question, à découvrir le premier germe et à suivre l'évolution de cette institution liturgique. Puissent ces quelques pages, tout en contribuant à l'instruction des chrétiens, les porter de plus en plus à entrer dans les intentions de l'Eglise et à sanctifier ce temps qui nous rappelle, dans la dernière semaine, les derniers jours de la vie du Sauveur, et les souffrances qu'il a endurées pour notre salut.

BIBLIOGRAPHIE

G. Albaspinaeus : *De jejuniis et stationibus* (dans *Opera varia*), Naples, 1770.

N. Andry : *Traité des aliments du Carême*, Paris, 1713.

A. Baillet : *Histoire du Carême* (dans *Vies des saints*), 1716, 1739.

J.-B. Becker : *De jejuniis veterum christianorum*, Weissenfels, 1742.

C. Bertalazzone : *Il precetto del digiuno quadragesimale stabilito sull'apostolica tradizione*, Rome, 1790.

Berthelet : *Traité de l'abstinence*, Rouen, 1731.

A. Ciacconius : *De jejuniis et varia eorum apud antiquos observantia*, Rome, 1599.

D. Concina : *La disciplina antica e moderna della romana Chiesa intorno al sacro quaresimale digiuno*, Venise, 1742.

J. Daillé : *De jejuniis et quadragesima*, Deventer, 1654.

L. Duchesne : *Origines du culte chrétien*, Paris, 1898.

J.-G. Ehrlich : *De quadragesimæ jejunio*, Leipzig, 1744.

Funk : *Die Entwickelung des Osterfestens.*

J.-J. Homborg : *De quadragesima veterum christianorum*, Helmstadt, 1677.

J. Launoi : *De vero ciborum delectu in jejuniis christianorum*, Paris, 1663.

J. (de) l'Isle : *Histoire dogmatique et morale du jeûne*, Paris, 1741.

H. Liemke : *Die Quadragesimalfester der Kirche*, Munich, 1853.

Linzenmayr : *Entwicklung der Kirchlichen Fastendisciplins*, Munich, 1877.

Martène : *De antiquis Ecclesiæ ritibus*, Anvers, 1737.

C.-J. Rumohr : *De origine jejunii quadragesimalis.*

E. Vacandard : *Les origines du Carême*, dans *Revue du clergé français*, 15 mars 1904 ; et art. *Carême*, dans *Dictionnaire de théologie catholique*, fasc. xv, col. 1724-1750.

———

LE CARÊME

CHAPITRE PREMIER

L'origine du Carême.

I. L'hypothèse de l'origine apostolique. — II. Les motifs de l'institution du Carême. — III. Les plus anciennes attestations.

I. — L'HYPOTHÈSE DE L'ORIGINE APOSTOLIQUE.

Pendant longtemps on a attribué, et peut-être attribue-t-on encore, dans certains milieux, aux Apôtres l'institution du Carême. Il serait injuste de regarder cette opinion comme une simple création de l'imagination populaire, ou une inspiration de la piété. Elle peut alléguer en sa faveur quatre attestations de la tradition chrétienne. Enumérons-les en remontant le cours du temps. Saint Isidore de Séville († 636), s'exprime ainsi : « L'observation de la quarantaine qui est observée dans tout l'univers par *l'institution apostolique* » (1). Le pape saint Léon († 461) nous dit : « que l'institution apostolique des quarante jours soit observée par des jeûnes » (2). Socrate, qui a dû achever son

---

(1) *Observatio quadragesimæ, quæ in universo orbe institutione apostolica observatur.* (*Etym.*, VI, xix, 69, P. L., t. LXXXII, col. 258.)

(2) *Ut apostolica institutio quadraginta dierum jejuniis impleatur (In quadrag.*, vi, 2, P. L., t. LIV, col. 633). On pourrait peut-être aussi traduire : « Que l'institution apostolique soit remplie par des jeûnes de quarante jours. »

histoire entre 439 et 443, explique la diversité des observances du Carême dans les Églises orientales et occidentales en supposant que les Apôtres avaient laissé à chacun la liberté de faire le bien comme il le jugerait à propos, et non par crainte ni nécessité (1). Enfin, saint Jérôme (331 ou 340-420), reprochant aux Montanistes de faire trois carêmes par an, déclare que les catholiques, selon la tradition des Apôtres, n'observent dans tout l'univers qu'une quarantaine annuelle (2).

Mais ces témoignages, quelque respectables qu'ils soient, ne sauraient nous renseigner sur l'âge apostolique. Ils sont trop tardifs pour qu'on puisse les regarder comme de sûrs garants des pratiques et des institutions du premier siècle. La critique historique ne consentira jamais à les considérer comme des arguments capables d'établir avec certitude l'origine apostolique du Carême. Pour les apprécier à leur juste valeur, nous ne saurions mieux faire que de nous approprier les paroles du P. de Smedt : « Je ne m'appuierai jamais sur les assertions générales des Pères du iv° siècle et, à plus forte raison, des temps postérieurs par rapport aux institutions primitives. Les Pères sont des témoins autorisés de la tradition dogmatique pour le temps ou la contrée où ils vivent, mais ils n'ont comme tels aucune autorité

(1) Καὶ ἐπειδὴ οὐδεὶς περὶ τούτου ἔγγραφον ἔχει δεῖξαι παράγγελμα, δῆλον ὡς καὶ περὶ τούτου τῇ ἑκάστου γνώμῃ καὶ προαιρέσει ἐπέτρεψαν οἱ ἀπόστολοι, ἵνα ἕκαστος μὴ φόβῳ μηδὲ ἐξ ἀνάγκης τὸ ἀγαθὸν κατεργάζοιτο. (H. E., v, 22, P. G., t. LXVII, col. 633). On voit que la raison donnée par l'historien grec, c'est qu'il n'existait, sur ce sujet, aucun précepte écrit.

(2) *Nos unam quadragesimam, secundum traditionem apostolorum, toto orbe jejunamus. (Epist. XLI,* 3 [ad Marcellam], P. L., t. XXII, col. 475.)

spéciale, quant à la tradition historique, et j'ai rapporté ailleurs (1) des exemples frappants pour montrer qu'on ne peut avoir une aveugle confiance dans leurs affirmations même les plus péremptoires en matière d'érudition (2). » L'hypothèse de l'origine apostolique n'a donc pas en sa faveur des preuves assez fortes ; elle ne s'impose ni à la croyance du chrétien ni, et encore moins, à l'adhésion de l'historien. On ne peut se départir de ces réserves sans dépasser les limites de ce qui est permis à la critique.

II. — LES MOTIFS DE L'INSTITUTION DU CARÊME.

Tous ceux qui ont étudié les lois de la vie de l'Eglise, savent que les chrétiens n'ont fait, surtout dans les premiers temps, aucune création absolue. Chaque fois qu'ils ont établi une pratique, ils ont été dirigés par un motif qu'ils regardaient, sinon comme obligatoire, du moins comme appréciable. Ils ont peut-être pu se tromper sur l'interprétation du motif, mais ils ne l'ont jamais écarté. Le Carême existe. Je voudrais essayer d'indiquer les motifs qui ont porté les Eglises à l'instituer. Il va sans dire que nous sommes ici sur le terrain des conjectures, et que nous ne pouvons apporter aucune conclusion certaine. De plus, les indications que nous fournirons portent sur l'institution générale d'une période de jeûne, indépendamment des diverses modifications qu'elle a subies dans le cours des siècles.

Ces motifs, au nombre de trois, se trouvent dans l'Ecriture Sainte. Le Deutéronome nous apprend, XVI, 3, que les Hébreux, au temps de la Pâque, devaient se nourrir pendant sept jours de « pain azyme », du « pain de l'affliction », pour se rappeler leur sortie d'Egypte qui s'était opérée avec pré-

(1) *Principes de la critique historique* [1883], p. 232.
(2) *Revue des questions historiques* [1888], t. II, p. 331.

cipitation (1). Il y a là évidemment une idée de pénitence ; le pain « sans levain », le pain « d'affliction » n'ont pas d'autre signification. — Autre fait : les Pharisiens et les Scribes disent au Sauveur : «Les disciples de Jean, comme ceux des Pharisiens, jeûnent fréquemment et font des prières, tandis que les tiens mangent et boivent. » Jésus répond : « Pouvez-vous faire jeûner les amis de l'époux pendant que l'époux est avec eux ? *Les jours viendront où l'époux leur sera enlevé, alors ils jeûneront en ces jours-là* (2). » Le Sauveur prédit donc que ses disciples jeûneront après sa mort. Quoi de plus fort pour porter les chrétiens des premiers siècles à s'adonner à cette pratique ? — Enfin, Jésus lui-même avait jeûné dans le désert quarante jours et quarante nuits (3). On peut supposer, sans être trop téméraire, que ces trois raisons exercèrent une certaine influence sur l'esprit des premiers chrétiens et leur inspirèrent l'idée d'établir des périodes de jeûne. L'exemple du Sauveur, si frappant et si simple, ne dut probablement pas manquer de les orienter dans cette voie. Comme toute institution a besoin d'un point de départ, on ne se risque pas trop en avançant que le Carême a le sien dans les trois exemples que nous venons de citer (4).

(1) L'indication de l'Exode, xii, 8, n'est pas aussi précise.

(2) Luc, v, 33-35. Voir aussi : Matth., ix, 15 ; Marc, ii, 20.

(3) Matth., iv, 2 ; Luc, iv, 2.

(4) Saint Grégoire le Grand, *Hom. XVI in Evang.,* 5, P. L., t. lxxvi, col. 1137, en appelle au jeûne de Moïse, *Exod.,* xxxiv, 28, à *III Rois.,* xix, 8 ; il donne aussi les deux comparaisons suivantes : la vertu des dix préceptes du Décalogue s'accomplit dans les quatre Evangiles ; la vie corporelle subsiste par quatre éléments et c'est par les voluptés du corps que nous violons les préceptes du Décalogue.

III. — Les plus anciennes attestations.

Examinons maintenant quelles sont, dans la littérature chrétienne, les plus anciennes attestations en faveur d'un jeûne précédant la fête de Pâques. On sait qu'une controverse s'éleva entre le pape Victor et les évêques d'Asie, à propos du jour de la fête de Pâques. Saint Irénée (né vers 130, mort en 202) intervint dans cette affaire par une lettre qu'il adressa au pape Victor. Nous lisons dans cette lettre : « Le désaccord porte, non seulement sur le jour [de la célébration de la Pâque], mais aussi sur le mode du jeûne. Les uns pensent qu'il faut jeûner un jour, d'autres deux, d'autres plusieurs ; d'autres enfin mesurent leur jour [de jeûne] à quarante heures diurnes et à quarante heures nocturnes (1). » Ce jeûne, quelle que fût sa durée, était ininterrompu. Irénée est un évêque de la Gaule. — Interrogeons un témoin des usages africains. Tertullien (né en 160) nous fournit des renseignements. A l'entendre, les Psychiques [= les catholiques] prétendaient que les jours de jeûnes, fixés dans l'Évangile, sont ceux de la « disparition de l'époux », c'est-à-dire le vendredi et le samedi saints ; ces deux jours de jeûne seraient les seuls imposés aux chrétiens. Pour le reste, on est libre de jeûner comme on l'entend (2). Outre ces

(1) οὐδὲ γὰρ μόνον περὶ τῆς ἡμέρας ἐστὶν ἡ ἀμφισβήτησις, ἀλλὰ καὶ περὶ τοῦ εἴδους αὐτοῦ τῆς νηστείας · οἱ μὲν γὰρ οἴονται μίαν ἡμέραν δεῖν αὐτοὺς νηστεύειν, οἱ δὲ δύο, οἱ δὲ καὶ πλείονας · οἱ δὲ τεσσαράκοντα ὥρας ἡμερινάς τε καὶ νυκτερινὰς συμμετροῦσι τὴν ἡμέραν αὐτῶν. (Eusèbe. II. E., v, 24 12.)

(2) *Certe in Evangelio illos dies jejuniis determinatos putant, in quibus ablatus est sponsus, et hos esse jam solos legitimos jejuniorum christianorum, abolitis legalibus et propheticis vetustatibus... Itaque de cœtero indifferenter jejunandum ex arbitrio, non ex imperio novæ disciplinæ, pro temporibus et causis uniuscujusque.* (*De jejun.* [montaniste] 2, P. L., t. ii, col. 955-956).

deux jours de jeûne, les Psychiques observaient
aussi des demi-jeûnes, les jours de stations, c'est-
à-dire le mercredi et le vendredi, d'une manière
générale ; dans ces demi-jeûnes, ils se contentaient quelquefois de pain et d'eau (1). Quelquefois
les catholiques devaient prolonger le jeûne du
vendredi jusqu'au samedi. Il serait difficile de
comprendre autrement ces paroles du polémiste
africain : « Pourquoi dédions-nous aux stations la
[férie] quatrième et la [férie] sixième du samedi (2),
et aux jeûnes le vendredi ? quoique vous [vous
dédiiez aux jeûnes] même le samedi, si parfois
vous le continuez (3). » Rappelons-nous que Tertullien parle en ce moment en montaniste rigide et
qu'il reproche aux catholiques leur relâchement
en comparaison de ceux de sa secte. Les montanistes jeûnaient deux semaines par an, à l'exception du samedi et du dimanche ; et Tertullien
trouve ce jeûne bien léger : « Qu'elle est petite,
s'écrie-t-il, l'abstinence d'aliments chez nous !
Nous offrons à Dieu deux semaines d'abstinence
par an, le samedi et le dimanche exceptés » (4).
Concluons avec un érudit contemporain : « De

(1) *Ecce enim convenio vos et prœter Pascha jejunantes, citra illos dies quibus ablatus est sponsus, et
stationum semijejunia interponentes, et vero interdum
pane et aqua victitantes, ut cuique visum est. (Ibid., 13,
P. L., t. ii, col. 971.)*

(2) Par féri. sixième du samedi, Tertullien doit entendre la neuvième heure du vendredi, c'est-à-dire le vendredi à partir de deux heures de l'après-midi.

(3) *Cur stationibus quartam et sextam sabbati dica-
mus, et jejuniis parasceven ? quanquam vos etiam sabbatum, si quando continuatis, etc. (Ibid., 14, P. L., t. ii,
col. 973.)*

(4) *Quantula est enim apud nos interdictio ciborum !
duas in anno hebdomadas xerophagiarum, nec totas,
exceptis scilicet sabbatis et dominicis offerimus Deo.
(Ibid., 15, P. L., t. ii, col. 974.)*

sa critique [de Tertullien] on peut donc inférer
qu'au commencement du III⁰ siècle Rome obser-
vait des demi-jeûnes, *semijejunia*, les jours de
stations, soit le mercredi et le vendredi en général ; les fervents « continuaient le jeûne » du vendredi jusqu'au samedi. A plus forte raison jeûnait-
on sans interruption le vendredi et le samedi
saints : *dies quibus ablatus est sponsus* (1). »

Irénée et Tertullien représentent des Églises
d'Occident. Passons en Orient. Saint Denis († vers
264), évêque d'Alexandrie, nous atteste l'usage de
son Église dans une lettre adressée à Basilide.
Denis paraît supposer que le jeûne de six jours
est la règle commune. Mais tous n'observent pas
ce jeûne de six jours de la même façon. Les uns
observent ce jeûne intégralement ; d'autres ne
jeûnent que deux jours, d'autres trois, d'autres
quatre ; il y en a qui ne jeûnent même pas un seul
jour complet. Enfin quelques-uns estiment faire
quelque chose de grand et d'éclatant en ne jeûnant
que le vendredi et le samedi saints (2). — La *Didascalie des Apôtres* nous renseigne sur la Syrie.
Ce document date, au moins, du III⁰ siècle. M. l'abbé

____

(1) Vacandard, *Diction. de théol. cath.*, fasc. xv,
col. 1725.

(2) μηδὲ τὰς ἓξ τῶν νηττειῶν ἡμέρας ἴσως μηδὲ ὁμοίως πάντες διαμένουσιν · ἀλλ' οἱ μὲν καὶ πάσας ὑπερτιθέασιν ἄσιτοι διατε-
λοῦντες, οἱ δὲ δύο, οἱ δὲ τρεῖς, οἱ δὲ τεσσάρας, οἱ δὲ οὐδεμίαν...
Εἰ δέ τινες... ὑπερτιθέντες, τὴν τε Παρασκευὴν καὶ τὸ Σάββατον,
μέγα τι καὶ λαμπρὸν ποιεῖν νομίζουσιν ἂν μέχρι τῆς ἕω διαμεί-
νωσιν, κ. τ. λ. (Can. 1, P. G., t. x, col. 1277). — Il est
évident que ceux qui ne jeûnaient que le vendredi et le
samedi saints appliquaient strictement la prédiction du
Sauveur à la « privation de l'époux ». Le texte de saint
Denis, que nous venons de résumer, contient trois fois le
verbe : ὑπερτίθεται, « superposer ». C'est vraisemblablement l'équivalent du : *continuare jejunium* de Tertullien.

Nau a publié, dans le *Canoniste contemporain* (1), la traduction du texte syriaque de la *Didascalie*. Ce document va nous apprendre comment on jeûnait et nous indiquera peut-être une piste pour l'origine du jeûne. Le Seigneur, ayant apparu après sa résurrection, dit : « Vous jeûnerez donc à partir du lundi [saint], six jours complètement, jusqu'à la nuit qui suit le samedi, et [cela] vous sera compté [pour] une semaine (2). » Nous avons donc six jours de jeûne. Tout porte à croire que c'est là une survivance des sept jours prescrits par le Deutéronome, XVI, 3. Il y a pourtant un jour de différence. Cette divergence s'explique facilement. Les chrétiens ne pouvaient pas jeûner le dimanche, qui est le jour de la résurrection, le jour de la joie, et Jésus lui-même avait défendu de jeûner le dimanche : « Le jour du dimanche, soyez toujours joyeux, car celui qui s'afflige le jour du dimanche commet un péché (3). »

En défalquant le dimanche, les sept jours du Deutéronome se ramènent donc aux six jours de la *Didascalie*, ou les six jours de la *Didascalie* sont les sept du Deutéronome, moins le dimanche. Mais l'auteur de la *Didascalie* devait inventer une autre combinaison. Nous avons vu que le Sauveur avait dit que ses disciples ne devaient jeûner que pendant la « disparition de l'époux », c'est-à-dire, le vendredi et le samedi saints. Comment concilier avec cette prescription le jeûne des quatre autres jours de la semaine : lundi, mardi, mercredi, jeudi ? Les prêtres et les anciens songèrent, dès le lundi, à mettre à mort Jésus-Christ. La disparition de l'époux avait donc commencé le lundi et avait duré jusqu'au

---

(1) T. XXIV-XXV, 1901-1902.

(2) Chap. 21, *Canoniste contemporain*, 1902, p. 18.

(3) *Ibid.*, p. 25.

dimanche. On légitimait ainsi l'usage de jeûner six jours de la semaine : « Le lundi, les prêtres et les anciens du peuple se réunirent et vinrent dans l'atrium du grand-prêtre Caïphe, ils tinrent conseil pour prendre Jésus et le tuer, mais ils craignirent, etc. (1). » Remarquons pourtant que si la *Didascalie* ordonne un jeûne de six jours, pour rester, ce semble, fidèle à la prescription du Deutéronome, elle exige un jeûne plus rigide pour les deux jours de la « disparition de l'époux ». Voici ce qu'elle prescrit : « Aussi depuis le dixième [jour] qui est le lundi, durant les jours de la Pâque, vous jeûnerez et vous ne mangerez que du pain, du sel et de l'eau, à la neuvième heure, jusqu'au jeudi. Le vendredi et le samedi, vous jeûnerez complètement et ne goûterez rien (2). »

Les documents, que nous venons d'examiner, n'attestent qu'un jeûne *pascal* ; ils ne font aucune mention d'un jeûne *quadragésimal*. Ils vont jusqu'à certifier que la semaine sainte est une semaine de jeûne ; ils ne laissent même pas supposer que ce jeûne embrasse une période de quarante jours.

Etudions maintenant un autre groupe de documents. Les *Canons d'Hippolyte* (3), la *Constitution apostolique égyptienne*, en langue copte (4), et le *Testament de Notre-Seigneur* (5) sont des pièces importantes pour l'histoire des institutions

(1) *Ibid.*, p. 21.

(2) *Ibid.*, p. 22.

(3) Edités par ACHELIS, *Texte und Untersuchungen*, t. VI, fasc. 4, p. 38 et suiv., reproduits par DUCHESNE, *Orig. du culte chrétien*, p. 505-521.

(4) Traduite en allemand par ACHELIS, *op. cit.*

(5) Edité par Mgr RAHMANI, Mayence, 1899.

ecclésiastiques. Les critiques ne sont pas, il est vrai, d'accord sur la date de ces documents. Funk place au v° siècle l'apparition des *Canons d'Hippolyte* et du *Testament de Notre-Seigneur*. D'autres critiques, au contraire, font remonter ces deux pièces jusqu'au III° siècle. Cette question de date n'a d'ailleurs pas grande importance et cette incertitude laisse forcément planer un doute sur la valeur des conclusions que l'on peut tirer de ces documents. En tout cas, ils sont toujours postérieurs aux témoignages d'Irénée et de Tertullien. Ce qui importe en ce moment, c'est de recueillir les renseignements qu'ils nous donnent sur le Carême. Voici ce qu'on lit dans les *Canons d'Hippolyte* : « Dans les jours de jeûne, qui sont établis dans les canons, féries quatrième et sixième, et quarante, etc. » (1). — « Que la semaine, dans laquelle les Juifs célèbrent la Pâque, soit observée par tout le peuple avec la plus grande diligence et que l'on prenne soin dans ces jours de demeurer à jeun de toute cupidité, etc. La nourriture qui convient au temps de Pâque, c'est du pain uniquement avec du sel et de l'eau » (2). — La *Constitution apostolique égyptienne* mentionne, dans son canon 55°, la Pâque et deux jours de jeûne. — Le *Testament de Notre-Seigneur* est plus riche

(1) *Diebus jejunii qui constituti sunt in canonibus, feria quarta et sexta et quadraginta...* (can. 20).

(2) *Hebdomas qua Judæi Pascha agunt ab omni populo summo cum studio observetur, caveantque imprimis ut illis diebus jejuni maneant ab omni cupiditate, etc. Cibus autem qui tempore Πάσχα convenit est panis cum solo sale et aqua* (can. 22). — Le terme « quarante » [jours] est, pour ainsi dire, lié à la date du document. Pour Funk, ce terme est authentique et indique les quarante jours du Carême qui était en vigueur vers 400. Au contraire Achélis et Duchesne le regardent comme une interpolation.

en informations : « Que la consolation de la Pâque ait lieu au milieu de la nuit, qui suit le samedi » (1). — « Que, dans les jours de Pâque, surtout dans les derniers, à savoir le vendredi et samedi, on fasse, le jour et la nuit, autant de prières que l'on chante de cantiques » (2). — « Que l'évêque ordonne de proclamer que personne ne goûte à quoi que ce soit jusqu'à ce que le sacrifice soit accompli, et que tout le corps de l'Eglise prenne une nouvelle nourriture » (3). — « Si une femme enceinte est malade et si elle ne peut observer le jeûne ces deux jours, qu'elle jeûne le dernier jour, et prenne le premier [jour] du pain et de l'eau » (4).

On ne trouve dans ces derniers textes aucune mention d'un jeûne de quarante jours. En admettant même l'hypothèse de Funk touchant l'authenticité du terme « quarante », il n'en resterait pas moins vrai qu'il est impossible d'établir que le jeûne quadragésimal remonte plus haut que le iv° siècle.

---

(1) *Paschæ solatio fiat media nocte, quæ sequitur sabbatum.* (ii, 12.)

(2) *Diebus Paschæ præsertim ultimis, [nempe] feria sexta et sabbato, die noctuque fiant tot orationes quot cantica.* (ii, 18.)

(3) *Jubeat episcopus proclamari ne quis quidpiam gustet, donec sacrificium expletum fuerit et universum ecclesiæ corpus novam escam suscipiat.* (ii, 20).

(4) *Si mulier prægnans ægrotet et nequeat observare jejunium illis duobus diebus, jejunet altera die, sumatque in prima panem et aquam. (Ibid).*

CHAPITRE II

Développement du Carême.

I. Première période. — II. Deuxième période.
III. Troisième période. — IV. Période actuelle.

Comme tout développement, celui du Carême s'est accompli, non tout d'un coup, mais d'une manière successive. Cependant dans cette chaîne de transformations, on peut noter des points de repère. A notre avis, M. Vacandard (1) a bien divisé la durée historique. On nous permettra de suivre cet ordre.

I. — PREMIÈRE PÉRIODE.

A. — *La durée.*

Elle embrasse les ive et ve siècles. La première mention de la « Quadragésime » apparaît en 325 au concile de Nicée. Dans son 5e canon, le concile ordonne aux évêques de tenir chaque année deux synodes afin de statuer sur le sort des excommuniés ; on doit tenir le premier de ces conciles avant la Quarantaine (2). Prenons cette indication comme point de départ et parcourons les diverses Eglises. Nous avons déjà constaté qu'un jeûne d'une semaine était en vigueur avant le concile de Nicée : le « jeûne pascal ». Avec le concile de Nicée, on voit apparaître un jeûne de quarante

(1) *Diction. de théol. cath.,* fasc. xv, col. 1728-1750.
(2) μία μὲν πρὸ τὴν τεσσαράχοστην.

jours. Comment concilier ces deux jeûnes ?
Transportons-nous en Orient. A Antioche, la semaine sainte ne faisait pas, ce semble, partie de la Quarantaine ; elle lui était ajoutée comme une semaine surérogatoire. Ecoutons saint Jean Chrysostome : « Voici que nous sommes arrivés à la fin de la sainte Quarantaine et que nous avons terminé la navigation du jeûne et que, par la grâce de Dieu, nous touchons au port... Maintenant que nous sommes arrivés à la grande semaine, il nous faut, avec la grâce de Dieu, forcer la marche du jeûne (1). » La distinction, insinuée par le patriarche de Constantinople, est clairement affirmée par les *Constitutions apostoliques* (fin du IVᵉ siècle). « Après ces jours [Noël et Epiphanie], il faut observer le jeûne du Carême... Mais que ce jeûne soit pratiqué avant le jeûne de Pâques... A la fin de ces jours de jeûne, commencez la semaine sainte de Pâques, pendant laquelle vous jeûnerez tous avec crainte et tremblement » (2). — Au dire de l'historien Sozomène, à Constantinople et dans les contrées avoisinantes on jeûnait pendant sept semaines (3). — Pour la Cappadoce, nous avons

(1) Ἰδοὺ πρὸς τὸ τέλος ἐφθάσαμεν λοιπὸν τῆς ἁγίας Τεσσαρακοστῆς, καὶ τῆς νηστείας διηνύσαμεν τὸν πλοῦν, καὶ πρὸς τὸν λιμένα λοιπὸν τῇ τοῦ Θεοῦ χάριτι κατηντήσαμεν... ἐπειδὴ εἰς τὴν μεγάλην ταύτην ἑβδομάδα ἐφθάσαμεν τῇ τοῦ Θεοῦ χάριτι, νῦν μάλιστα καὶ τῆς νηστείας τὸν δρόμον ἐπιτεῖναι, κ. τ. λ. (*In Gen.*, xxx, 1, P. G., t. LIII, col. 273.)

(2) Μεθ' ἃς ὑμῖν φυλακτέα ἡ νηστεία τῆς Τεσσαρακοστῆς... ἐπιτελείσθω δὲ ἡ νηστεία αὕτη πρὸ τῆς νηστείας τοῦ Πάσχα... μεθ' ἃς ἀπονηστεύσαντες, ἄρξασθε τῆς ἁγίας τοῦ Πάσχα ἑβδομάδος, νηστεύοντες αὐτὴν πάντες μετὰ φόβου καὶ τρόμου. (v, 13, P. G., t. I, col. 860-868.)

(3) Οἱ δὲ, ἑπτὰ [ἑβδομάδας], ὡς ἐν Κωνσταντινουπόλει, καὶ τοῖς πέριξ ἔθνεσι, μέχρι Φοινίκων. (H. E., VII, 19, P. G., t. LXVII, col. 1477.)

saint Basile. Dans les textes sûrement authentiques, l'archevêque de Césarée ne parle pas de la
Quarantaine. On arrive cependant à l'accorder
avec les autorités que nous venons de citer ; car le
saint docteur atteste que l'on jeûnait cinq jours par
semaine (1). Synthétisons ces données et établis-
sons un total : on jeûnait cinq jours par semaine :
lundi, mardi, mercredi, jeudi, vendredi ; le
samedi et le dimanche n'étaient pas jours de
jeûne ; en multipliant 5 jours par 7 semaines,
nous arrivons à 35 jours ; mais, par exception, on
jeûnait le samedi saint. La durée du Carême était
donc de 36 jours. — Jérusalem paraît avoir immédiatement réalisé le jeûne de 40 jours ; au moins
vers la fin du IV⁰ siècle, elle avait huit semaines
de jeûne à cinq jours par semaine (2). Le samedi
saint était mis à part et constituait le jeûne pascal. Plus tard, au dire de Sozomène, elle avait
ramené son carême à six semaines : c'était l'usage
de l'Illyrie, de l'Occident, de la Lybie, de l'Egypte
et de la Palestine (3). Mais cette réforme dut être
limitée, car, au VII⁰ siècle, le moine Dorothée,
qui vivait en Palestine, atteste le Carême de
huit semaines : « Les Pères, dit-il, ont ajouté aux
sept semaines une autre semaine, pour honorer
le jeûne par la sainte Quarantaine qui fut la durée

(1) τῶν πέντε ἡμερῶν. (*De jejun.*, I, 10, P. G., t. XXXI,
col. 181.) — Ἐπειδὴ πέντε ἡμερῶν νηστεία ἡμῖν προκεκήρυκται,
x. τ. λ. (*De jejun.*, II, 4, P. G., t. XXXI, col. 180.) Les
Constitutions apostoliques, V, 13, P. G., t. I, col. 865,
enseignent la même chose lorsqu'elles déclarent que le
jeûne du carême doit commencer le second jour [lundi]
et se terminer le vendredi : ἀρχομένη μὲν ἀπὸ δευτέρας,
πληρουμένη δὲ εἰς παρασκευήν.

(2) Cf. *Peregrinatio Sylviae* (édit. Gamurini), p. 81 85.

(3) οἱ μὲν εἰς ἓξ ἑβδομάδας ἡμερῶν λογίζονται, ὡς Ἰλλυριοὶ
καὶ οἱ πρὸς δύσιν, Λιβύη τε πᾶσα καὶ Αἴγυπτος σὺν τοῖς Παλαισ-
τινοῖς. (H. E., VII, 19, P. G., t. LXVII, col. 1477.)

du jeûne de Notre-Seigneur (1). » — Pour Alexandrie, les renseignements sont assez abondants. Le document principal est la lettre festale de saint Athanase, de 330. Le Carême commence le 13 du mois de Phaménot (9 mars) ; le jeûne de la semaine sainte va du 18 au 23 du mois de Pharmouti (13-18 avril) ; la fête de Pâques tombe le 24 du même mois de Pharmouti (19 avril). Nous avons donc en tout 40 jours (2). Socrate et Sozomène confirment ces données : le premier dit que les chrétiens de l'Illyrie, de l'Achaïe et d'Alexandrie jeûnent pendant six semaines avant Pâques, ce qu'ils appellent la Quarantaine (3) ; le second, nous venons de le voir, mentionne l'Egypte parmi les contrées qui jeûnent six semaines. Un peu plus tard, Cyrille d'Alexandrie († 444) apporte son témoignage : le Carême commence le 1er mars, la semaine de Pâques commence le 5 avril, et le dimanche de la Résurrection tombe le 11 avril (4).

Parcourons les églises d'Occident. Rome vient en première ligne ; mais les témoignages ne sont pas concordants. Si l'on en croit Socrate, Rome,

---

(1) Ἀλλὰ οἱ Πατέρες τῷ χρόνῳ συνεῖδον προστεθεῖναι αὐταῖς καὶ ἄλλην μίαν ἑβδομάδα… τιμῶντες τὰς νηστείας τῷ ἀριθμῷ τῆς ἁγίας Τεσσαρακοστῆς. (*Doctrina XV*, P.G., t. LXXXVIII, col. 1788.)

(2) N. 8, P. G., t xxvi, col. 1371. La lettre festale de 331, n. 6, P. G., t. xxvi, col. 1375. nous donne le comput suivant : commencement du Carême, le 5 du mois du Phaménot ; commencement de la semaine de Pâques, le 10 du mois de Pharmouti ; dimanche de la Résurrection, le 16 du mois de Pharmouti ; en tout 40 jours.

(3) πρὸ ἑβδομάδων ἓξ τὴν πρὸ τοῦ Πάσχα νηστείαν νηστεύουσι, Τεσσαρακοστὴν αὐτὴν ὀνομάζοντες. (H. E., v, 22, P. G., t. LXVII, col. 633).

(4) *Hom. pasch. II*, 9, P. G., t. LXXVII, col. 449.

au ıv° siècle, ne jeûnait que les trois semaines qui précèdent immédiatement Pâques, en excluant de ce jeûne les samedis et les dimanches (1). Si le ıv° siècle reste dans l'ombre, le v° nous apporte la lumière. Saint Léon nous apprend que, de son temps, le jeûne embrassait six semaines (2). On ne jeûnait pas le dimanche, mais on jeûnait le samedi. Ce dernier jour faisait donc, à Rome, partie du cycle quadragésimal. Nous le savons par le pape Innocent (401-417) : « Une raison évidente nous montre qu'il faut jeûner le samedi. Car si... nous jeûnons le vendredi, nous ne devons pas omettre le samedi ; au contraire nous devons jeûner même le samedi, parce que ces deux jours apportèrent de la tristesse aux apôtres ou à ceux qui ont suivi le Christ (3). » Sur une consultation, saint Augustin répondit qu'il est permis de jeûner le samedi (4).

(1) Οἱ μὲν γὰρ ἐν Ῥώμῃ, τρεῖς πρὸ τοῦ Πάσχα ἑϐδομάδας, πλὴν Σαϐϐάτου καὶ Κυριακῆς, συνημένας νηστευούσιν. (H. E., v, 22, P. G., t. LXVII, col. 632). M. Vácandard pense qu' « il y a là vraisemblablement une erreur », *op. cit.*, col. 1730. Pour Socrate ces trois semaines étaient continues. Mgr Duchesne, *op. cit.*, p. 232, note 2, croit qu'elles étaient espacées : la 1re, la 4e et la 6e « semaines d'ordination ».

(2) *Quadraginta dierum jejunium, quod festi paschalis est previum.* (*Hom. VII,* 1, P. L., t. LIV, col. 288.)

(3) *Sabbato vero jejunandum esse ratio evidentissima demonstrat. Nam si... sexta feria jejunamus sabbatum prætermittere non debemus sed dicimus et sabbato hoc agendum quia ambo dies tristitiam apostolis vel his qui Christum secuti sunt indixerunt.* (*Epist. ad Decent.,* 4, P. L., t. LVI, col. 516).

(4) *Quod ergo me consulis, utrum liceat sabbatum jejunare : respondeo, si nullo modo liceret, profecto quadraginta continuos dies nec Moyses, nec Elias, nec*

Le temps quadragésimal embrasse 42 jours ; en défalquant 6 dimanches, il reste donc qu'on jeûnait à Rome 36 jours. Saint Grégoire le Grand le déclare d'ailleurs expressément : « A partir d'aujourd'hui jusqu'aux joies de la fête de Pâques, il y a six semaines, qui contiennent quarante-deux jours. En retranchant de l'abstinence les six jours du dimanche, il ne reste plus que trente-six jours (1). » Nous avons entendu Sozomène nous dire que tous les Occidentaux pratiquaient le jeûne de six semaines. Il est permis de penser que Rome servit de modèle à beaucoup d'églises occidentales. Néanmoins, pour être complet, il faut entrer dans quelques détails, et enregistrer tous les témoignages historiques. — Saint Ambroise nous déclare que, de son temps, on jeûnait à Milan tous les jours, à l'exception du samedi et du dimanche (2). — L'auteur d'un sermon sur le Carême (3) nous donne quelque particularité sur l'usage de la Gaule. On avait commencé le jeûne

ipse Dominus jejunasset. (*Epist. XXXVI ad Casul.*, 2, P. L., t. xxxiii, col. 136.) M. Vacandard, *op. cit.*, col. 1731, me paraît avoir mal interprété ce texte, lorsqu'il dit : « Et saint Augustin, dont l'attention fut appelée sur cette obligation, marque expressément que c'était un usage particulier à l'Église de Rome et à quelques autres. »

(1) *A præsenti die usque ad Paschalis festivitatis gaudia sex hebdomadæ veniunt, quarum videlicet dies quadraginta et duo fiunt. Ex quibus dum sex dies Dominici ab abstinentia subtrahuntur non plus in abstinentia quam dies sex et triginta remanent.* (Hom. XVI in Evang., 5, P. L., t. lxxvi, col. 1137.)

(2) *Quadragesima, totis præter sabbatum et dominicam jejunamus diebus.* (De Elia et jejunio, x, 34, P. L., t. xiv, col. 708.)

(3) Attribué à Fauste de Riez.

le dimanche de la Quinquagésime (1) ; mais c'était
là une anomalie. On jeûnait régulièrement cinq
jours par semaine (2). La règle cependant est que
le jeûne commençait à l'ouverture du Carême (3).
En tout cas, quelque temps après, la Gaule suit la
pratique romaine : on jeûne tous les jours du
Carême à l'exception du dimanche ; on défend
aux prêtres de faire commencer le jeûne plus
tôt : la semaine de la Quinquagésime ou de la
Sexagésime ; et l'on appuie cette pratique sur
l'autorité des Pères. Le concile d'Agde (506), dans
son 12e Canon (4), et le 4e concile d'Orléans (541)
dans son 2e canon (5) sont les témoins de cette

(1) *Permotos esse vos credo, fratres dilectissimi, cur
a superiore Dominica Quadragesimam percurremus, et
cum hæc sit ejus exordium, cur festivitatem ejus ante
unam hebdomadam celebrare cœperimus.* (Le sermon
fut prononcé le premier Dimanche du Carême.)

(2) *Veriti sunt, credo, ne quinque dierum jejuniis
prolongatis,* etc.

(3) *Audiant igitur refecti pariter ac robusti, tenues
ac pallentes, quia hodie est Quadragesima. Audiant
illi, inquam, ut jejunare incipiant.* (1, 2, 3, P. L.,
t. LIV, col. 488-489). M. Vacandard dit, *op. cit.*,
col. 1732, en parlant de l'auteur de ce sermon : [il] « nous
apprend que, dans l'église où il fut prononcé, le jeûne
commençait le lundi après le premier dimanche du
Carême ».

(4) *Placuit etiam ut omnes ecclesiæ filii,* exceptis
*diebus dominicis, in Quadragesima, etiam die sabbato,
sacerdotali ordinatione et districtionis comminatione
jejunent.*

(5) *Hoc etiam decernimus observandum, ut Quadragesima ab omnibus ecclesiis æqualiter teneatur, neque
Quinquagesimam aut Sexagesimam ante Pascha quili-*

évolution. La conclusion générale qui se dégage
de ces recherches c'est que, dans la première
période, le jeûne quadragésimal durait 36 jours (1).

B. — *Le Mode.*

1° *Nombre des repas.* — On ne faisait qu'un repas
par jour. Mais à quelle heure fallait-il le prendre ?
Les textes ne sont pas d'accord. Au dire de saint
Basile (2), de saint Epiphane (3) et de saint Jean

*bet sacerdos præsumet indicare. Sed neque per sabbata
absque infirmitate quisquam solvat Quadragesimæ
jejunium nisi tantum die dominico prandeant; quod
sic fieri SPECIALITER PATRUM STATUTA
SANXERUNT. Si quis hanc regulam irruperit, tanquam transgressor disciplinæ a sacerdotibus censeatur.*

(1) Pour légitimer ce chiffre de 36 jours, on eut recours
à une raison symbolique. Le Carême est la dîme de
l'année tout entière. Or si l'on divise 365, nombre des
jours de l'année, par 10 représentant la dîme ou la
dixième partie, on a 36. Mais il restait 5 jours ; pour
les couvrir, on dit que le jeûne du samedi saint se prolongeait toute la nuit jusqu'à l'aurore du dimanche;
cette nuit, une demi-journée, est la dîme des 5 jours.
Cf. Cassien, *Collat. XXI*, 25, P. L., t. xlix, col. 1200-1201; l'abbé Dorothée, *Doctrina XV*, P. G., t. lxxxviii,
col. 1788. Cette explication se retrouve plus tard sous
la plume de Grégoire le Grand, *Hom. XVI in Evang.*,
5, P. L., t. lxxvi, col. 1137 ; d'Isidore de Séville, *De
eccles. offic.*, I, xxvii, 4, P. L., t. lxxxiii, col. 772.

(2) « Tu attends le soir pour prendre la nourriture. »
Τὴν ἑσπέραν ἀναμένεις εἰς μετάληψιν. (*De jejun. hom. I*, 10,
P. G., t. xxxi, col. 181.)

(3) « Les six jours de Pâques, on ne prend, vers le
soir, que du pain, du sel et de l'eau » ; ἄρτῳ καὶ ἁλί, καὶ
ὕδατι τότε χρώμενοι πρὸς ἑσπέραν. (*Expos. fidei*, 22, P. G.,
t. xlii, col. 828.)

Chrysostome (1), il n'était permis de manger que vers le soir. Socrate déclare, au contraire, que, dans certaines églises, on ne jeûnait que jusqu'à none : à peu près trois heures de l'après-midi (2). Nous avons déjà vu que la *Didascalie des Apôtres* ordonne de ne manger qu'à la neuvième heure.

2° *Aliments.* — 1. *La viande des animaux.* Elle était interdite. Saint Basile, exhortant les chrétiens à pratiquer le jeûne des vices, dit : « Tu ne manges pas de viande, mais tu manges ton frère (3). » Saint Jean Chrysostome disait aux fidèles d'Antioche : « Tu ne manges pas des viandes ? Ne dévore pas la lubricité par les yeux (4). » Saint Cyrille de Jérusalem s'écrie : « Nous jeûnons en nous abstenant de vin et de viandes (5). » Les *Constitutions apostoliques* s'expriment ainsi : « Abstenez-vous du vin et des viandes » [durant les quatre premiers jours de la semaine sainte](6). Socrate rapporte que quelques-

(1) « Aujourd'hui nous avons jeûné tout le jour, et nous préparerons la table dans la soirée. » Ἰδοὺ, τὴν ἡμέραν ἄσιτοι διετελέσαμεν σήμερον ἅπασαν, καὶ τράπεζαν ἐν ἑσπέρᾳ παρκστησόμετα. (*Ad pop. antioch.*, iv, 6, P. G., t. xlix, col. 68.)

(2) Après avoir rapporté différents usages, il ajoute : « d'autres, ayant jeûné jusqu'à la neuvième heure, prennent diverses espèces de nourriture ». Ἕτεροι δὲ ἄχρις ἐννάτης ὥρας νηστεύοντες, διάφορον ἔχουσι τὴν ἑστίασιν. (H. E., v, 22, P. G., t. lxvii, col. 633.)— Les *Constit. apost.*, v, 19, P. G., t. i, col. 892 : vendredi et samedi jusqu'à vêpres, les autres jours jusqu'à vêpres ou none.

(3) Κρεῶν οὐκ ἐσθίεις, ἀλλ' ἐσθίεις τὸν ἀδελφόν. (*De jejun. hom. I*, 10, P. G., t. xxxi, col. 181.)

(4) Οὐκ ἐσθίεις κρέα ; μὴ φάγῃς ἀκολασίαν διὰ τῶν ὀφθαλμῶν. (*Ad pop. antioch.*, iii, 4, P. G., t. xlix, col. 53.)

(5) Νηστεύομεν γὰρ οἴνου καὶ κρεῶν ἀπεχόμενοι. (*Catech. IV*, 27, P. G., t. xxxiii, col. 489.)

(6) οἴνου δὲ καὶ κρεῶν ἀπέχεσθε ἐν ταύταις. (v, 18, P. G., t. i, col. 889.)

uns s'abstenaient de tout ce qui est vivant (1). —
2. *Oiseaux et poissons.* Les habitants d'Antioche
se privaient de ce mets : « A quoi sert, dit Chrysostome, de nous abstenir des oiseaux et des
poissons, si nous déchirons et dévorons nos
frères (2) ? » Socrate affirme au contraire que
quelques-uns mangeaient des poissons, et que
d'autres ajoutaient aux poissons des oiseaux, en
alléguant pour raison que les poissons et les
oiseaux, suivant Moïse, proviennent de l'eau (3).
— 3. *Œufs et laitages.* Pour Socrate, quelques-
uns seulement s'abstenaient de fruits et d'œufs (4).
Mais la xérophagie, c'est-à-dire un régime com-
posé d'aliments secs : pain, sel et légumes, était
la règle générale. Les *Constitutions apostoliques*
l'ordonnent pour les quatre premiers jours de la
semaine sainte : « on ne doit user que de pain, de sel
et de légumes (5). » Saint Jean Chrysostome atteste
que certains fidèles d'Antioche se contentaient de
pain et d'eau (6). Saint Jérôme dit que le jeûne le

(1) Οἱ μὲν γὰρ πάντη ἐμψύχων ἀπέχονται. (H. E., v, 22,
P. G., t. LXVII, col. 633.)

(2) Τί γὰρ ὄφελος ὅταν μὲν ὀρνίθων καὶ ἰχθύων ἀπεχώμεθα,
τοὺς δὲ ἀδελφοὺς δάκνωμεν καὶ κατεσθίωμεν ; (*Ad pop.
antioch.*, III, 5, P. G., t. XLIX, col. 53.)

(3) οἱ δὲ, τῶν ἐμψύχων ἰχθῦς μόνους μεταλαμβάνουσι. Τινὲς
δὲ σὺν τοῖς ἰχθύσι, καὶ τῶν πτηνῶν ἀπογεύονται, ἐξ ὕδατος καὶ
αὐτὰ κατὰ τὸν Μωϋσέα γεγενῆσθαι λέγοντες. (*Ibid.*) Julien
Pomère signale, *De vita contempl.* II, XXIII, 1, P. L.,
t. LIX, col. 469, la même exception : *A quadrupedibus
abstinentes phasianis altilibus vel aliis avibus pretiosis
aut piscibus perfruuntur.*

(4) Οἱ δὲ καὶ ἀκροδρύων καὶ ὠῶν ἀπέχονται. (*Ibid.*)

(5) μόνῳ χρώμενοι ἄρτῳ, καὶ ἁλὶ καὶ λαχάνοις. (v, 18, P. G.,
t. I, col. 889). Le vendredi et le samedi saints, on ne doit
prendre aucune nourriture.

(6) ἄρτῳ καὶ ὕδατι χρώμενοι μόνον. (*Ad pop. antioch.*,
IV, 6, P. G., t. XLIX, col. 68.)

plus fort consiste à ne prendre que de l'eau et du pain (1).

3° *Boisson*. — Le vin était interdit. Saint Basile disait aux chrétiens de son temps : « Tu t'abstiens de vin, mais tu ne maîtrises pas les injures (2). » Saint Cyrille de Jérusalem vient de nous dire que l'on jeûnait en s'abstenant de viandes et de vin. Chrysostome déclare que certains chrétiens d'Antioche s'abstenaient de vin, d'huile et de tout mets à l'exception du pain et de l'eau (3). Saint Augustin disait aux fidèles d'Hippone : « Que personne, sous prétexte d'abstinence, ne cherche des liqueurs inusitées, parce qu'il ne boit pas de vin » (4). L'abstinence du vin faisait donc partie de la discipline quadragésimale (5). Ajoutons en finissant que Saint Epiphane a décrit en quelques mots ce régime : « Tous les peuples passent les six

(1) *Fortissimum jejunium est aqua et panis.* (*Epist. LII, ad Nepot.*, 12, P. L., t. xxii, col. 537). On peut voir aussi le canon 50° du concile de Laodicée et le canon 56° du concile *in Trullo*.

(2) Οἴνου ἀπέχῃ, ἀλλ' ὕβρεων οὐ κρατεῖς. (*De jejun. hom.* I, 10, P. G., t. xxxi, col. 181).

(3) οἱ δὲ οὐκ οἴνου μόνον, οὐδὲ ἐλαίου, ἀλλὰ παντὸς ἐδέσματος χρῆσιν τῆς ἑαυτῶν ἐκβάλλοντες τραπέζης, κ. τ. λ. (*Ad pop. antioch.*, iv, 6, P. G., t. xlix, col. 68.)

(4) *... et inusitatos liquores* [*quærat*], *quia vinum non bibit.* (*Serm. I in Quadrag.*, 2, P. L., t. xxxviii, col. 1040). Cf. aussi *Serm. III*, 2, *ibid.*, col. 1043.

(5) Faisons deux remarques. En premier lieu, saint Jérôme, *Epist. LII ad Nepot.*, 12, P. L., t. xxii, col. 537, saint Augustin, *Serm. III in Quadrag.*, 2, P. L., t., xxxviii, col. 1043 ; *Serm. VI*, 9, *ibid.*, col. 1053, et Julien Pomère, *De vita contempl.*, II, xxiii, 2, P. L., t. lix, col. 469, sont d'avis qu'il faut s'abstenir même de toute liqueur. En second lieu, saint Paulin de Nole, *Epist. XV ad Adam.*, 4, P. L., t. lxi, col. 227, permet l'usage d'un peu de vin : *modico vino.*

jours de Pâques dans la xérophagie, c'est-à-dire, ils
ne prennent, vers le soir, que du pain, du sel et de
l'eau. Les zélés prolongent leur jeûne pendant
deux, trois et même quatre jours ; enfin quelques-
uns passent toute la semaine, jusqu'au chant du
coq du dimanche matin, sans prendre aucune
nourriture (1). »

II. — Deuxième période.

A. — *La durée.*

L'évolution de cette période, vii-ixe siècles, consiste dans la réalisation même de l'idée de
« Quarantaine ». Durant la période précédente, —
nous avons pu nous en convaincre, — la pratique
était en désaccord avec le terme. On parlait de
« Quadragésime » et l'on ne jeûnait que trente-
six jours. Cette discordance va disparaître. On
jeûnera quarante jours et l'on mettra la chose en
harmonie avec le terme. On avança donc le jeûne
de quatre jours et on le fit commencer le mercredi
qui précède le premier dimanche du Carême, en
d'autres termes, le mercredi des Cendres.

Occupons-nous d'abord de l'Eglise romaine. La
plus ancienne attestation se trouve dans l'oraison
du *Sacramentaire Gélasien,* pour le mercredi de
la Quinquagésime : « Accompagnez, Seigneur,
nous vous en prions, de votre faveur, le jeûne
commencé (2). » Ce texte prouve que l'évolution

____

(1) Τὰς δὲ ἓξ ἡμερας τοῦ Πάσχα ἐν ξηροφαγίᾳ διατελοῦσι
πάντες οἱ λαοί · φημὶ δὲ ἄρτῳ καὶ ἁλὶ καὶ ὕδατι τότε χρώμενοι
πρὸς ἑσπέραν. Ἀλλὰ καὶ οἱ σπουδαῖοι διπλᾶς καὶ τριπλᾶς καὶ
τετραπλᾶς ὑπερτίθενται, καὶ ὅλην τὴν ἑβδομάδα τινὲς ἄχρι ἀλεκ-
τρυόνων κλαγγῆς τῆς Κυριακῆς ἐπιφωσκούσης. (*Expos. fidei,* 22,
P. G.. t. xlii, col. 828.)

(2) *Inchoata jejunia, quæsumus, Domine, benigno
favore prosequere,* etc. (P. L., t., lxxiv, col. 1065.)

était à Rome un fait accompli aux débuts du viii° siècle. De Rome la réforme s'étendit aux autres églises latines. Alcuin, dans une lettre adressée à Charlemagne, en 798, observe que les Latins jeûnent sept semaines et les Grecs huit : « Lorsque j'étais à Rome, j'ai entendu dire par certains maîtres que les peuples orientaux ont coutume de jeûner neuf semaines, les Grecs huit et les Latins sept » (1). La première de ces sept semaines n'embrassait que quatre jours de jeûne, du mercredi au samedi. Nous le savons par le témoignage d'Amalaire, de Metz : « Saint Grégoire [le Grand] n'indique que trente-six jours de jeûne pour le temps du Carême ; cela vient peut-être de ce qu'on n'avait pas encore ajouté les quatre jours à partir de la susdite férie quatrième [mercredi des Cendres] jusqu'au [premier] dimanche du Carême (2). » L'Allemagne adopta de bonne heure la pratique romaine. La 11° ordonnance du concile de Salzbourg (799) est ainsi conçue : « Le mercredi avant le commencement du Carême, qui est appelé par les Romains *caput jejunii* [commencement du jeûne], on fera une procession solennelle, avec les litanies, et on célébrera la messe après la neuvième heure (3). » Au ix° siècle, cette réforme était devenue générale, puisqu'un auteur de ce

(1) *Audivi, dum Romæ essem, quosdam dicentes magistros quod Orientales populi novem hebdomadas, et Græci octo, et Latini septem jejunare soleant.* (*Epist. LXXX*, P. L., t. c, col., 260.)

(2) *Sanctus Gregorius tantummodo triginta sex dies abstinentiæ nobis insinuat quadragesimalis temporis ; forsan quia nondum erant additi quatuor dies a supra dicta feria quarta usque ad dominicam Quadragesimæ.* (*De offic. ecclesiast.*, i, 7, P. L., t. cv, col. 1003.)

(3) HÉFÉLÉ, *Histoire des conciles*, trad. franç., par DELARC, t. v, p. 157.

temps, Ratramne de Corbie, regarde comme une exception insignifiante ceux qui ne jeûnent pas quarante jours (1).

Nous n'avons que très peu de renseignements sur l'Eglise grecque. Il semble certain que, dans le cours du viie siècle, elle augmenta d'une semaine son cycle quadragésimal. Alcuin vient de nous dire que les Grecs jeûnaient huit semaines. Le huitième dimanche avant Pâques est dit ἀπόκρεω, « abstinence de la viande », parce que, à partir de ce jour, ils ne mangent plus de viande. Le dimanche suivant, c'est-à-dire notre premier dimanche du Carême, est dit τυροφάγος, « manger du fromage » parce que, à partir de ce jour, ils s'abstiennent même de laitage. Enée de Paris fait allusion à cet usage lorsqu'il dit : « On demande encore pourquoi nous nous abstenons du fromage et des œufs, non sept semaines avant Pâques, mais seulement six (2). »

B. — *Le Mode.*

1° *Heure du repas.* — On continue de le prendre le soir. Nous en avons pour garant Théodulphe d'Orléans : on ne satisfait pas à l'obligation du jeûne, si l'on mange avant la célébration de l'office

(1) *Sed quia perpauci sunt in Occidente qui non quadraginta dies ante Pascha compleant,* etc. (*Cont. Græc. opposita,* iv, 4, P. L., t. cxxi, col. 321). Remarquons que l'Eglise de Milan a conservé la pratique de saint Ambroise et qu'elle commence, même aujourd'hui, les exercices de la pénitence le premier dimanche du Carême.

(2) *De hoc etiam quod quæritur, quare septem hebdomadibus ante Pascha ab esu casei et ovorum non abstinemus, sed tantum sex,* etc. (*Lib. adv. Græcos,* clxxv, P. L., t. cxxi, col. 741.)

du soir... Avant tout il faut observer le jeûne jusqu'au soir (1).

2° *Aliments.* — L'usage du lait, du fromage, des œufs et des poissons est permis. Bède le Vénérable nous apprend qu'un évêque d'Irlande, Cedda, faisait, pendant le Carême, un seul repas par jour, qui se composait d' « un peu de pain, d'un œuf de poule et d'un peu de lait mêlé d'eau » (2). Pour Théodulphe d'Orléans (viii° siècle), « celui qui peut s'abstenir d'œufs, de fromage, de poissons et de vin, montre une grande vertu ; quant à celui qui, pour raison d'infirmités, ou à cause de son travail, ne peut pas s'en abstenir, qu'il en use » (3). Énée de Paris (ix° siècle) nous renseigne sur une partie de l'Italie et sur la Germanie. Une partie de l'Italie, trois jours par semaine durant le Carême, s'abstenait de tout mets cuit au feu et ne se nourrissait que de fruits et d'herbes ; ceux qui n'avaient des fruits ni assez variés ni assez abondants pouvaient se nourrir d'aliments cuits. En Germanie, on se nourrissait généralement, pendant le Carême, de lait, de beurre, de fromage et d'œufs ; ceux qui s'en abstenaient le faisaient spontanément (4).

(1) ...*Nullatenus jejunare credendi sunt, si ante manducaverint quam vespertinum celebretur officium. ...Tantum ut jejunium usque ad vesperum solemniter celebret.* (Capit. ad presbyt., 39, 40, P. L., t. cv, col. 204.)

(2) ...*ne tunc quidem nisi panis permodicum et unum ovum gallinaceum cum parvo lacte aqua mixto percipiebat.* (H. E., iii, 23, P. L., t. xcv, col. 154.)

(3) *Qui vero ovis, caseo, piscibus et vino abstinere potest magnæ virtutis est : qui autem his, aut infirmitate interveniente, aut quolibet opere, abstinere non potest, utatur.* (Capit. ad presbyt., 40, P. L., t. cv, col. 204).

(4) *insuper et pars Italiæ... tribus diebus per totam Quadragesimam a cibis igne decoctis abstinet, tantum-*

3° *Boisson*. — Le vin est permis, pourvu qu'on n'en abuse pas. Théodulphe d'Orléans dit : « qu'on prenne du vin, non pour s'enivrer, mais pour la réfection de son corps » (1).

III. — TROISIÈME PÉRIODE.

Le moyen âge surtout forme cette période. Reconstituons l'histoire du jeûne quadragésimal.

A. — *La Durée*.

La légende ne manqua pas de faire son œuvre. Une fausse décrétale du vi° siècle, connue sous le nom de *Constitutum*, attribue au pape Télesphore l'institution d'un jeûne de sept semaines avant la fête de Pâques (2). A partir des fausses décrétales (vers 850), on s'efforça d'imposer ce jeûne au clergé. L'auteur de ce document fait parler ainsi le pape Télesphore : « Comme les clercs doivent donner l'exemple de la sagesse et de la discrétion, nous avons décidé qu'ils jeûneraient sept semaines avant Pâques (3). » En dehors de cette exception,

---

modo diversis fructibus arborum et generibus herbarum, quibus Italia opulenter abundat, in cibo utens perficit votum. Quibus ergo deest diversitas ac multiplicitas fructuum, nequaquam negabitur cibus ab igne decoctus. Germania etiam a lactis et butyri ac casei et ovorum esu per totam Quadragesimam generaliter non abstinet excepto quem spontanea attrahit voluntas. (*Lib. advers. Græcos*, CLXXV, P. L., t. CXXI, col. 741-742.)

(1) *Vinum non ad ebrietatem, sed ad refectionem corporis sui sumat.* (*Capit. ad presbyt.*, 40, P. L., t. CV, col. 204.)

(2) Cf. DUCHESNE, *Liber pontificalis*, t. I, p. 129.

(3) *Cognoscite a nobis et a cunctis episcopis in hanc sanctam et apostolicam Sedem congregatis statutum esse, ut septem hebdomadas plenas ante sanctum*

qui disparaît d'ailleurs à la fin du XIVᵉ siècle, le Carême conserve, durant cette période, sa durée de quarante jours.

B. — Le Mode.

1° Les repas.

1. *Le principal.* — La grande réforme de cette période consiste à avancer l'heure du repas principal. Cette modification parcourut deux étapes. — *a)* On se rappelle que jusque-là la règle était de prendre le soir l'unique repas du jour. On avait bien essayé de violer cette règle et de prendre son repas à none, c'est-à-dire à trois heures de l'après-midi, mais il s'éleva de vives protestations. Vers la fin du XIᵉ siècle, l'auteur du *Micrologus* est catégorique : « Nous ne sommes pas censés jeûner selon les canons, si nous mangeons avant le soir (1). » Néanmoins le mouvement se dessina et se généralisa de plus en plus et l'on avança à *none* le principal repas. De cet usage nous avons un fait caractéristique. Pendant le Carême, Charlemagne mangeait à deux heures de l'après-midi (2). Les textes ne manquent pas, non plus. Au Xᵉ siècle Rathier de Vérone insiste sur ce point (3). Pour

Pascha omnes cleri in sortem Domini vocati a carne jejunent ; quia sicut discreta debet esse vita clericorum a laicorum conversatione, ita et in jejunio debet fieri discretio. (P. L., t. CXXX, col. 103-104). Pour d'autres pièces qui appuient cet usage, on peut voir VACANDARD, *op cit.,* col. 1737.

(1) *nec juxta canones quadragesimaliter jejunare censemur, si ante vesperam reficimur.* (49, P. L., t. CLI, col. 1013).

(2) *De gestis Caroli magni,* I, 12, P. L., t. XCVIII, col. 1378.

(3) Il avertit de jeûner jusqu'à none, les jours de la semaine sainte : *Monemus... ut secunda, tertia, quarta*

Hugues de Saint-Victor on ne viole pas la loi du jeûne, si l'on mange à partir de none (1). Enfin le XIII° siècle nous apporte l'autorité de saint Thomas. Mais, en qualité de philosophe, le prince de la Scolastique s'attache à légitimer cet usage au point de vue rationnel. Résumons son raisonnement : « Le jeûne a pour but d'effacer et de comprimer la faute. Il est donc nécessaire qu'il ajoute quelque chose à l'usage commun, sans cependant trop opprimer la nature. Or la coutume générale est de manger vers sexte [midi], parce que la digestion semble alors terminée, et que la nature du corps humain a alors besoin d'être aidée contre la chaleur extérieure. Par conséquent, pour que celui qui jeûne éprouve une certaine gêne pour la satisfaction de la faute, none a été bien choisie comme heure du repas. Cette heure convient aussi au mystère de la passion du Christ, qui se termina à la neuvième heure. Car ceux qui jeûnent, en affligeant leur chair, se conforment à la passion du Christ » (2). — *b)* Après avoir avancé le repas

et quinta feria hebdomadæ majoris jejunetis usque ad nonam... Sexta feria usque ad nonam jejunate, et cui placet, amplius. (Synod. ad presbyt., 15, P. L., t. CXXXVI, col. 566). — *Serm. II de Quadrag.,* 6, *ibid.,* col. 695, il blâme ceux qui attendent jusqu'au soir pour se livrer à des excès de gourmandise.

(1) *jejunantibus vero* [*rectam reficiendi intellegimus*] *ab hora nona usque ad vesperam. (Expos. in regulam S. Aug.,* 3, P. L., t. CLXXVI, col. 893.)

(2) *Respondeo dicendum quod... jejunium ordinatur ad deletionem et cohibitionem culpæ. Unde oportet quod aliquid addat supra communem consuetudinem, ita tamen quod per hoc non multum natura gravetur. Est autem debita et communis consuetudo comedendi hominibus circa horam sextam : tum quia jam videtur esse completa digestio... tum etiam quia tunc præcipue natura corporis humani indiget juvari contra exterio-*

jusqu'à none, on l'avança jusqu'à sexte, c'est-à-dire
on le plaça à midi : « Dès la fin du xiii° siècle, un
célèbre docteur franciscain, Richard de Middleton,
enseignait qu'on ne transgresse pas la loi du
jeûne, quand on prend son repas à l'heure de
sexte, c'est-à-dire à midi, parce que, dit-il, cet
usage a déjà prévalu en plusieurs endroits, et que
l'heure à laquelle on mange n'est pas aussi nécessaire à l'essence du jeûne que l'unité de repas. *In
IV Sent.*, dist. xv, a. 3, q. vii. Le xiv° siècle con-
sacra par sa pratique et par son enseignement la
doctrine de Richard de Middleton. On peut citer
en témoignage le fameux docteur de l'ordre de
saint Dominique, Durand de Saint-Pourçain, évêque de Metz. Il ne fait aucune difficulté d'assigner
l'heure de midi pour le repas de carême : « Telle
est, dit-il, la pratique du pape, des cardinaux et
même des religieux. » *In IV Sent.*, dist. xv, q. ix,
a. 7. Les plus graves auteurs du xv° siècle adop-
tèrent cet enseignement. C'est celui de saint An-
tonin, d'Étienne Poncher, évêque de Paris, du
cardinal Cajetan, etc. (1). »

2. *La collation.* — On ne s'arrête pas facilement
sur la voie des concessions. En prenant à midi le
repas principal, si l'on voulait observer strictement le jeûne, il fallait attendre, pour manger, le

*rem aeris calorem, ne humores interius adurantur. Et
ideo ut jejunans aliquam afflictionem sentiat pro culpæ
satisfactione, conveniens hora comedendi taxatur jejunantibus circa horam nonam. Convenit etiam ista hora
mysterio passionis Christi : quæ completa fuit hora
nona quando « inclinato capite tradidit spiritum ».
Jejunantes enim dum suam carnem affligunt, passioni
Christi conformantur secundum illud Galat., v, 24 :
« Qui autem Christi sunt, carnem suam crucifixerunt
cum vitiis et concupiscentiis ». (Sum. theol., IIª-IIªe,
q. cxlvii, art. 7, C.)*

(1) Vacandard, *op. cit.*, col. 1739.

midi suivant. C'était un peu trop long. On permit
d'abord de prendre, dans la soirée, un peu de
liquide pour se désaltérer. Cet usage s'introduisit
surtout dans les monastères, et il fut approuvé par
le concile d'Aix-la-Chapelle, de 817, même lorsqu'on prenait le repas principal le soir (1). Saint
Thomas nous donnera l'explication théologique,
et il nous fera en même temps comprendre que la
brèche doit être élargie. Le saint docteur se
demande s'il est nécessaire à l'observance du
jeûne de ne manger qu'une fois par jour. La
deuxième objection de cet article est ainsi formu-
lée : « Comme l'homme se nourrit de mets, il se
nourrit aussi de boisson. La boisson rompt donc le
jeûne ; voilà pourquoi, nous ne pouvons pas rece-
voir l'Eucharistie après avoir bu. Or, il n'est pas
défendu de boire plusieurs fois par jour. Donc, il
ne doit pas être défendu à ceux qui jeûnent de
manger plusieurs fois par jour (2). » Voici la
réponse : « On ne rompt le jeûne de l'Eglise qu'en
prenant ce que l'Eglise a interdit en instituant le
jeûne. Or, l'Eglise n'a pas voulu prescrire (nous
traduisons ici le terme *interdicere* par « prescrire », autrement la phrase n'aurait pas de sens),
l'abstinence de la boisson, qu'on prend plutôt pour
désaltérer le corps et faciliter la digestion que pour
se nourrir, *bien qu'elle nourrisse d'une certaine
façon*. Voilà pourquoi il est permis à ceux qui

(1) *Ut si necessitas poposcerit, ob operis laborem,
post refectionem vespertinam, etiam in quadragesima
pari modo, et quando officium mortuorum celebratur,
priusquam lectio completorii legatur, bibant.* (Can. 12.)

(2) *Præterea, sicut homo nutritur cibo, ita et potu :
unde et potus jejunium solvit, propter quod non possu-
mus post potum Eucharistiam recipere. Sed non est
prohibitum quin pluries bibamus diversis horis diei.
Ergo etiam non debet esse prohibitum jejunantibus
quin pluries comedant.*

jeûnent de boire plusieurs fois par jour (1). » Ce *licet aliquo modo nutriat* est un véritable coup de pioche. Si l'on peut prendre de la boisson qui est un peu nourrissante, pourquoi ne pourrait-on prendre quelque mets ? La logique ne pouvait pas manquer de tirer cette conclusion, et elle la tira. Saint Thomas dit qu'on peut prendre ce que nous appelons aujourd'hui des confitures (*electuaria*). La troisième objection de ce même article, et la réponse qu'il y fait, vont nous l'apprendre. Exposons l'objection : « Les confitures sont des aliments ; et cependant plusieurs en prennent les jours de jeûne, après le repas. Donc, pour jeûner, il n'est pas nécessaire de ne faire qu'un repas (2). » Écoutons la réponse : « Bien que les confitures nourrissent d'une certaine manière, on les prend cependant, non principalement pour se nourrir, mais pour faciliter la digestion. Elles ne rompent donc pas le jeûne, pas plus que les autres remèdes (3) ; à moins que l'on n'en prenne en grande quantité et en fraude de la loi (4). » Ces confitures

(1) *istud [jejunium Ecclesiæ] non solvitur nisi per ea quæ Ecclesia interdicere intendit instituendo jejunium. Non autem intendit Ecclesia interdicere abstinentiam potus, qui magis sumitur ad alterationem corporis et digestionem ciborum assumptorum quam ad nutritionem, licet aliquo modo nutriat ; et ideo licet pluries jejunantibus bibere.* (Sum. theol., II^a-II^{ae}, q. CXLVII, a. 6, ad 2um.)

(2) *Præterea, electuaria quidam eibi sunt : quæ tamen a multis in diebus jejunii post comestionem sumuntur. Ergo unitas comestionis non est de ratione jejunii.*

(3) Du temps de saint Thomas on regardait probablement, comme un remède, les confitures.

(4) *Ad tertium dicendum, quod electuaria, etiamsi aliquo modo nutriant, non tamen principaliter assu-*

firent boule de neige. On y ajouta successivement quelque chose et l'on arriva ainsi à un petit repas. Ce petit repas, que nous prenons le soir en guise de souper, porte le nom de « collation ». Le terme n'est pas très bien adapté, mais il tire son origine d'un usage monastique. Le terme « collation » (en latin *conlatio*, du verbe *conferre*, « conférer ») signifiait dans le langage monastique « conférence ». Dans les cloîtres on avait coutume de lire, pendant ou après ce léger repas, les conférences spirituelles de Cassien. L'aliment spirituel imposa sa dénomination au corporel. C'est le cas de se rappeler que l'homme ne vit pas seulement de pain.

2° *La Matière des repas.*

1. *Poissons.* — Nous avons vu que le poisson, avant cette période, avait fait son apparition, et avait conquis droit de cité. On avait fini généralement par en permettre l'usage durant le Carême. Personne n'y trouvait à redire. La zoologie du temps avait légitimé cette vue : tout ce qui vient de l'eau n'est pas de la « chair ». Ne soyons pas trop sévères pour nos ancêtres. Si notre zoologie théorique est plus avancée que la leur, notre zoologie pratique est restée au même point. Ce n'est qu'en vertu de ce principe que l'on peut, même aujourd'hui, légitimer l'usage du poisson pendant le Carême. Un zoologiste aurait raison de s'étonner, parce qu'il sait fort bien que les poissons appartiennent au règne animal comme les bœufs et les moutons. Saint Thomas accepta le fait et en chercha l'explication, pour cela il eut

muntur ad nutrimentum, sed ad digestionem ciborum. Unde non solvunt jejunium, sicut nec aliarum medicinarum assumptio ; nisi forte aliquis in fraudem electuaria in magna quantitate assumat per modum cibi. (Ibid., ad 3um.)

recours à la physiologie. La deuxième objection
de l'article 8° est celle-ci : « On mange certains
poissons avec autant de plaisir que la viande de
certains animaux. Or la concupiscence n'est qu'un
désir délectable. Donc, dans le jeûne, qui a été
institué pour réfréner la concupiscence, on ne
doit pas interdire l'usage de la viande, comme on
n'interdit pas l'usage des poissons (1). » Voici la
réponse : « L'Eglise en instituant le jeûne (2) n'a
en vue que ce qui arrive communément. Or l'usage
de la viande est en général plus délectable que
celui des poissons, quoique ce soit le contraire
pour certains individus. Par conséquent l'Eglise
a plus défendu l'usage de la viande que celui des
poissons à ceux qui jeûnent (3). »

2. *Œufs et laitages.* — L'abstinence des œufs et
des laitages eut la vie plus dure et plus tenace.
Citons les attestations les plus tardives de cette
abstinence. Le synode de Quedlimbourg (1085),
en Germanie, s'exprime ainsi : « Il a été décidé
que personne ne mangerait du fromage et des

(1) *Prœterea, aliqui pisces ita delectabiliter come-
duntur sicut quædam animalium carnes. Sed concu-
piscentia est appetitus delectabilis, ut supra habitum
est. Ergo in jejunio quod est institutum ad concupis-
centiam refrenandam, sicut non interdicitur esus piscium, ita non debet interdici esus carnium.*

(2) On voit que le Docteur Angélique n'est pas parti-
san de l'institution du jeûne quadragésimal par les
Apôtres.

(3) *Ad secundum dicendum, quod Ecclesia jejunium
instituens intendit ad id quod communius accidit. Esus
autem carnium est magis delectabilis communiter
quam esus piscium ; quamvis in quibusdam aliter se
habeat. Et ideo Ecclesia magis jejunantibus prohibuit
esum carnium quam esum piscium. (Sum. theol.,* II^{a.}
II^{ae}, q. CXLVII, a. 8, ad 2um.)

œufs pendant le Carême (1). » Au xiiiᵒ siècle saint Thomas déclare que cette abstinence est une coutume générale des fidèles : comme toujours il la légitime par cette raison que les œufs et les laitages excitent les passions ; la raison est d'ordre moral, mais on peut douter qu'elle soit en harmonie avec la physiologie (2). Dans la réponse à la troisième objection il donne une autre raison : les œufs et les laitages sont défendus parce qu'ils proviennent d'animaux à chair (3). Le concile d'Angers de 1365, dans son canon 22ᵒ, regarde comme coupables ceux qui, durant le Carême, font usage de lait et de beurre, sans une dispense spéciale (4). Mais ce même synode avait fait une

(1) [*Statutum est*] *ne quis caseum et ova comedat in quadragesima.* (Can. 7).

(2) *Sed contra est communis fidelium consuetudo. — Respondeo dicendum quod, sicut supra dictum est, jejunium ab Ecclesia est institutum ad reprimendas concupiscentias carnis, quæ quidem sunt delectabilium secundum tactum quæ consistunt in cibis et venereis. Et ideo illos cibos Ecclesia jejunantibus interdixit qui et in comedendo maxime habent delectationem et iterum maxime hominem ad venerea provocant. Hujusmodi autem sunt carnes animalium in terra quiescentium et respirantium, et quæ ab eis procedunt, sicut lacticinia ex gressibilibus, et ova ex avibus. Quia enim hujusmodi magis conformantur humano corpori, plus delectant et magis conferunt ad humani corporis nutrimentum, et sic ex eorum comestione plus superfluit, ut vertatur in materiam seminis, cujus multiplicatio est maximum incitamentum luxuriæ. Et ideo ab his cibis præcipue jejunantibus Ecclesia statuit esse abstinendum. (Sum. theol.,* IIᵃ-IIᵃᵉ, q. cxlvii, a. 8.)

(3) *Ad tertium dicendum, quod ova et lacticinia jejunantibus interdicuntur, in quantum sunt ex animalibus exorta carnes habentibus. (Ibid.,* ad 3ᵘᵐ.)

(4) Cf. Hardouin, *Concilia,* t. vii, col. 1778 ; Héfélé, *Histoire des conciles,* trad. franç. par Delarc, t. ix, p. 604.

fissure qui, en s'élargissant successivement, finit par renverser tout l'édifice de la loi ; il avait posé une restriction : « à moins, dit-il, qu'ils n'aient le privilège » [d'user de lait et de beurre]. L'Eglise entra dans la voie des dispenses ; de personnelles qu'elles étaient au début, ces dispenses devinrent de plus en plus générales, et, avec le temps, elles finirent par abolir complètement l'abstinence des œufs et des laitages. C'est une évolution qui se produisit lentement mais sûrement, et qui aboutit au régime dont nous jouissons aujourd'hui. L'usage des œufs et du laitage devint légitime, et les anciennes prohibitions tombèrent complètement en désuétude.

3. *Viande.* — L'abstinence de la viande ne subit, dans cette période, aucune atténuation. Les peines qui frappaient ceux qui violaient la défense de manger de la viande, étaient très sévères. Il n'entre pas dans notre cadre d'insister sur ce sujet. Il appartient uniquement à l'historien de constater qu'aucune évolution ne se produisit sur ce terrain.

4. *La boisson.* — Le vin s'était déjà introduit. Théodulphe d'Orléans nous l'a déjà appris. Il permet d'en user, mais sans abus. Dès lors on ne pouvait plus entraver une pareille coutume. La scolastique ne put que la sanctionner. Saint Thomas la couvrit de son autorité ; il est utile de rappeler ce qu'il vient de nous dire en y ajoutant ce qui le précise et complète : « Il est permis à ceux qui jeûnent de boire plusieurs fois [par jour]. Mais si l'on boit avec excès, on peut pécher et perdre le mérite de son jeûne : il en est de même si l'on mange trop dans un repas (1). » La masse des théologiens

---

(1) *et ideo licet pluries jejunantibus bibere. Si autem quis immoderate potu utatur, potest peccare et meritum jejunii perdere ; sicut etiam si immoderate cibum in una comestione assumat.* (Sum. theol., II^a-II^æ, q. CXLVII, a. 6, ad 2um.)

entra dans cette voie et donna au vin ses lettres de naturalisation. Nous n'avons donc qu'à enregistrer ce résultat, car l'évolution, en ce qui concerne le vin, est définitivement arrêtée. On peut même dire que l'époque où nous sommes arrivés marque, sous le rapport du liquide, le dernier stade de l'évolution.

3° *Les causes qui dispensent du jeûne.*

A peu près entre la deuxième et la troisième période apparaissent les causes qui motivent une dispense. La première attestation se trouve dans le VIII° Concile de Tolède (653).

Mais il faut noter que les causes énumérées par ce synode dispensent, non du *jeûne*, mais de l'*abstinence* ; elles permettent de manger de la viande, pourvu que l'on en ait obtenu la permission de la part d'un prêtre. La prescription du concile embrasse deux parties : la première frappe de certaines peines ceux qui se permettent de manger de la viande, sans avoir aucune des causes de dispense ; la seconde indique la condition requise pour l'usage de la viande. Celui qui, sans aucune *nécessité*, ou sans être *infirme*, ou sans être affaibli par l'*âge*, ose manger de la viande durant le Carême, non seulement est coupable de la résurrection du Seigneur, mais il est aussi privé de la sainte Communion du jour de la Résurrection. Quant à ceux, qui sont ou courbés par l'*âge*, ou exténués par l'*infirmité*, ou oppressés par la *nécessité*, ils ne peuvent violer la défense de manger de la viande, avant d'en avoir obtenu la permission de la part d'un prêtre (1). Examinons successive-

(1) *Acerrime interdicitur ut quisquis, absque inevitabili necessitate atque fragilitatis evidenti languore, seu etiam ætatis impossibilitate, diebus quadragesimæ esum carnium præsumpserit attentare, non solum reus erit resurrectionis Dominicæ, verum etiam alienus ab ejus-*

ment chacune de ces causes, en ajoutant, pour être plus complet, des détails supplémentaires, qui sont en dehors de la prescription du concile de Tolède, ou qui ne s'y rattachent que par une interprétation subséquente. Saint Thomas surtout sera notre maître.

1. *L'âge.* — *a*) A quel âge doit-on *commencer* à jeûner ? Cette question reçut deux solutions. Alexandre de Halès se prononce pour l'âge de dix-huit ans. Cédons-lui la parole : « L'âge apte au jeûne est celui de dix-huit ans. Car cet âge est celui que l'Eglise exige pour entrer en religion, et l'on ne peut pas le devancer selon la discipline ecclésiastique. Par conséquent cet âge convient aussi à la pénitence et au jeûne (1). » La raison est donc d'ordre canonique : à dix-huit ans on peut entrer en religion ; donc à dix-huit ans on est astreint au jeûne. Saint Thomas exige vingt et un ans, et il s'appuie sur une raison d'ordre biologique :

dem diei sancta communione... Illi vero, quos aut œtas incurvat, aut languor extenuat, aut necessitas arctat, non ante prohibita violare præsumant, quam a sacerdote permissum accipiant (ix). — L'auteur des fausses décrétales, ix, P. L., t. cxxx, col. 513, répète cette prescription du concile de Tolède. M. VACANDARD, *op. cit.*, col. 1743, dépasse la teneur du texte en disant : « L'auteur des fausses décrétales, à la suite du viiie concile de Tolède (653), indique les causes qui dispensent du jeûne et de l'abstinence de viande. » Dans les deux textes il n'est nullement question de la dispense du jeûne ; il s'agit uniquement de la dispense de l'abstinence.

(1) *Tempus jejunio aptum est octodecim annorum. Hoc est enim tempus ordinatum ab Ecclesia ad intrandum religionem quod præveniri non potest secundum ecclesiasticam institutionem. Et ideo hoc est tempus ad pœnitentiam peragendam et ad jejunandum. (Sum.,* IVa, q. xxviii, m. vi, a. 2).

« A la dernière objection il faut répondre qu'il y a pour les enfants une raison évidente de ne pas jeûner : soit à cause de la faiblesse de leur nature qui exige qu'ils mangent souvent et peu à la fois ; soit parce qu'ils ont besoin de beaucoup de nourriture par suite de la croissance, qui s'opère par le superflu d'aliments. Par conséquent tant qu'ils sont dans la période de croissance, qui s'étend, dans la plupart des cas, jusqu'à la fin du troisième septennium (1), ils ne sont pas tenus à l'observance des jeûnes de l'Eglise (2). » — *b)* A quel âge, est-on *délié* de l'obligation du jeûne ? Le moyen âge ne s'occupa pas de cette question. Si les scolastiques connurent un *terminus a quo* du jeûne, ils ne connurent pas un *terminus ad quem.* « La vieillesse, par elle-même, n'était pas à leurs yeux une cause d'exemption. Pour qu'elle dispensât du jeûne, il fallait qu'elle fût devenue une espèce de maladie de « langueur », comme l'avait dit le concile de Tolède (3). »

2. *La maladie.* — On ne discuta guère sur cette cause de dispense, tant la chose est évidente.

3. *La nécessité.* — On entendait par là ce que nous appellerions aujourd'hui un « cas de force

____

(1) $3 \times 7 = 21$.

(2) *Ad secundum dicendum, quod in pueris maxime est evidens causa non jejunandi : tum propter debilitatem naturæ, ex qua provenit quod indigent frequenti cibo, et non simul assumpto ; tum etiam quia indigent multo nutrimento propter necessitatem augmenti, quod fit de residuo alimenti. Et ideo quamdiu sunt in statu augmenti, quod est ut in pluribus usque ad finem tertii septennii, non tenentur ad ecclesiastica jejunia observanda. (Sum. theol.,* II^a-II^æ, q. CXLVII, a. 4, ad 2um.) Le saint docteur ajoute qu'il convient que même les enfants s'exercent plus ou moins au jeûne, et que, dans de grandes calamités, on impose même aux enfants des jeûnes en signe de pénitence, suivant *Jon.,* III, 7.

(3) VACANDARD, *op. cit.,* col. 1743.

majeure ». Pour saint Thomas la nécessité
s'applique à trois catégories d'individus : les
voyageurs, les *ouvriers* et les *pauvres*. Le saint
docteur dispense du jeûne les voyageurs et les
ouvriers, mais à une condition : c'est que le
voyage et le travail causent une grande fatigue ;
du reste, dans ce cas, il conseille de demander
une dispense, à moins que la coutume n'ait
prévalu. Comme toujours, le saint docteur fait
ici preuve de prudence (1). Pour ce qui concerne
les pauvres, saint Thomas distingue aussi : s'ils
ont de quoi faire un repas, ils sont tenus au jeûne ;
s'ils sont obligés de mendier, ils en sont
exempts (2).

(1) *Ad tertium dicendum quod circa peregrinos et
operarios distinguendum videtur. Quia si peregrinatio
et operis labor commode differri possit aut diminui
absque detrimento corporalis salutis et exterioris status,
qui requiritur ad conservationem corporalis vel spiri-
tualis vitæ, non sunt propter hoc Ecclesiæ jejunia præter-
mittenda. Si autem immineat necessitas statim pere-
grinandi, et magnus diætas faciendi, vel etiam multum
laborandi, vel propter conservationem vitæ corporalis,
vel propter aliquid necessarium ad vitam spiritualem,
et simul cum hoc non possint Ecclesiæ jejunia observari,
non obligatur homo ad jejunandum : quia non videtur
fuisse intentio Ecclesiæ statuentis jejunia, ut per hoc
impediret alias pias et magis necessarias causas.
Videtur tamen in talibus recurrendum esse ad superioris
dispensationem, nisi forte ubi est ita consuetum quia
ex hoc ipso quod prælati dissimulant, videntur annuere.
(Ibid., ad 3ᵘᵐ.)*

(2) *Ad quartum dicendum, quod pauperes qui
possunt sufficienter habere quod eis sufficiat ad unam
comestionem, non excusantur propter paupertatem a
jejuniis Ecclesiæ, a quibus tamen excusari videntur
illi qui frustatim eleemosynas mendicant, qui non
possunt simul habere quod eis ad victum sufficiat.
(Ibid., ad 4ᵘᵐ.)*

IV. — Période actuelle

On connaît assez le régime quadragésimal de la période actuelle. Pour ce motif, nous résumerons le plus brièvement possible (1).

A. — *La Durée.*

Elle ne subit aucune modification. Le nombre des jours reste le même.

B. — *Le Mode.*

1° *Les repas.*

1. — *Le principal.* — *a) Heure de ce repas.* — On se rappelle que, dans la période précédente, on avait fixé à midi ou vers midi le repas principal. Cette coutume était généralement en vigueur vers 1500 (2). Mais l'on avait choisi une expression élastique : *vers midi (circa meridiem).* Cela permit de passer à travers la fissure. Les théologiens autorisèrent à prendre le repas principal entre onze heures et midi. Qu'il nous suffise de citer un théologien, qui fait autorité dans les matières morales : saint Alphonse de Liguori : « Il est permis, même sans motif, d'avancer le repas de moins d'une heure (3). » — *b) Matière du repas.* — On parcourut deux étapes : on commença d'abord par permettre l'usage du laitage (4) ; on finit ensuite par permettre l'usage des œufs et de la viande ; mais on continua et l'on continue de défendre de manger, au même repas, de la viande et du poisson.

(1) On peut voir Vacandard, *op. cit.*, col. 1744-1749.

(2) On peut voir : *Synod. Parisiensis*, in-4°, Paris, 1524, p. 243 ; *Acta Ecclesiæ Mediolan.*, in-folio, Milan, 1599, p. 812.

(3) *Cæterum omnibus licitum est anticipare infra horam, etiam sine causa.* (*Theol. mor.*, Lib. III, tract. VI, cap. 3, dub. 1, n. 1016).

(4) *Synod. Parisiensis*, p. 243. Synode de Malines, (1609), tit. XII, c. 4 ; Synode d'Anvers (1610), tit. XIII, c. 7. (J'emprunte ces autorités à M. Vacandard.)

2. *La collation*. — La rigueur des premiers temps alla fléchissant progressivement. On arriva peu à peu à la règle, sanctionnée par saint Liguori et suivie communément aujourd'hui : on peut prendre huit onces de nourriture (pain, laitage poisson) (1).

3. *Le déjeuner*. — Comme le liquide ne rompt pas le jeûne, on commença par boire le matin (vin, café, une once et demie de chocolat à l'eau). Comme les confitures, prises en petite quantité ne rompent pas non plus le jeûne, on se permit d'en prendre au déjeuner du matin. Enfin une décision de la Sacrée Pénitencerie (21 novembre 1843) approuva l'usage d'ajouter un peu de pain à ce petit menu. Voici d'après cette Décision, ce qu'il est permis de prendre : pain, chocolat à l'eau et sucre, un total de deux onces ; ou bien deux onces de pain et de café.

2° *Les causes qui exemptent du jeûne*.

Elles sont aujourd'hui au nombre de trois : l'âge, l'impuissance et la dispense.

1. *L'âge*. — On n'est tenu au jeûne qu'à partir de vingt et un ans, et l'on en est dispensé à partir de soixante ans. Nous connaissons déjà le premier terme. Quant au second : l'âge de soixante ans, on le regarde comme une cause de faiblesse (2).

(1) *Ibid.*, nn. 1024-1028. — Il est permis d'intervertir l'ordre, et de prendre la collation dans la matinée, et le repas principal le soir. (Réponse de la Sacrée Pénitencerie, en date du 29 janvier 1834.)

(2) *Ratio quia in istis [sexagenariis] præsumptio in dubio stat pro imbecillitate virium ut a jejunio excusari censeantur*. (S. Liguori, *ibid.*, n. 1036). — Comme les femmes vieillissent ordinairement plus vite que les hommes, on s'est demandé si l'on ne devrait pas les exempter du jeûne, dès l'âge de cinquante ans. Saint Liguori, *ibid.*, n. 1037, opine pour la négative ; sa raison, c'est que les femmes jeûnent plus facilement que

2. *L'impuissance.* — On embrasse sous ce titre la maladie, le travail, la fatigue et la pauvreté. Nous avons exposé, sur ce sujet, la discipline antérieure et la doctrine de saint Thomas. Une étude comme celle-ci ne nous permet pas d'entrer dans tous les détails de la Casuistique (1). Qu'il nous suffise d'observer que sous la rubrique « travail », on entend aujourd'hui, outre le travail *manuel,* déjà connu des anciens, aussi le travail *intellectuel :* enseignement, prédication, etc., et le travail consacré aux *œuvres pies :* surcharge de confessions, soin des malades dans les hôpitaux et les monastères, pourvu qu'ils occasionnent une grande dépense de forces physiques.

3. *La dispense.* — Le jeûne quadragésimal est une institution positive. L'Eglise, qui l'a établi, peut aussi en dispenser. La doctrine même de saint Thomas se résume en deux propositions : s'il existe une raison évidente, on peut se décharger soi-même de l'obligation du jeûne ; si le motif est douteux, il faut demander la dispense à l'autorité (2). Le fonctionnement des dispenses est aujourd'hui trop connu pour qu'il soit utile de s'étendre ou d'insister sur ce point.

les hommes sans détriment pour leur santé, parce qu'elles mangent moins. Des théologiens de nos jours sont pour l'affirmative. Cf. Haine, *Theol. moralis, De præcep. Eccles.,* q. xviii.

(1) On peut voir saint Liguori, *ibid.,* nn. 1041-1049.

(2) *Nam si causa sit evidens, per seipsum licite potest homo statuti observantiam præterire, præsertim consuetudine interveniente, vel si non posset de facili recursus ad superiorem haberi. Si vero causa sit dubia, debet aliquis ad superiorem recurrere, qui habet potestatem in talibus dispensandi. Et hoc observandum est in jejuniis ab Ecclesia institutis, ad quæ omnes communiter obligantur, nisi in eis fuerit aliquod speciale impedimentum. (Ibid.,* a. 4, C.)

CHAPITRE III

Le Régime des dispenses.

Dans la pensée de l'Eglise, la dispense est, non une libération, mais une compensation, une transposition d'obligation, la substitution d'une œuvre à une autre. L'Eglise pour des raisons dont il lui appartient d'apprécier la gravité, dispense du jeûne du Carême ; mais ordinairement elle exige que l'on supplée au jeûne par une autre bonne œuvre. Voyons quelle a été la pratique des siècles chrétiens.

De nos jours, l'aumône est l'œuvre par excellence, qui compense le jeûne du Carême. Suivons les traces de l'aumône.

La première indication dans ce sens se trouve dans saint Césaire d'Arles († 542). Dans son troisième sermon sur le Carême, le saint évêque s'exprime ainsi : « Je vous prie et vous exhorte, mes frères, dans ce temps sacré du Carême, sauf les jours de dimanche, que personne n'ait la présomption de prendre son repas, si ce n'est peut-être celui à qui la maladie ne permet pas de jeûner ; jeûner les autres jours, c'est un remède ou une récompense ; ne pas jeûner dans le temps du Carême, c'est un péché. Celui qui jeûne à une autre époque, recevra miséricorde ; celui qui peut et qui ne jeûne pas en Carême, recevra la punition. Celui qui n'a pas la force de jeûner, qu'il mange dans sa maison secrètement et tout seul, ou, s'il y a un autre infirme, avec lui seul ; et qu'il se garde bien d'inviter ceux qui se portent bien, et qui ont la force de jeûner, parce que s'il les invite, non seulement Dieu, mais aussi les hommes peuvent comprendre, non qu'il ne peut pas jeûner pour cause de maladie, mais qu'il ne veut pas jeûner par gourmandise. Qu'il lui suffise de n'avoir pas la force de jeûner, et qu'il mange plutôt en gémissant, en soupirant, et l'âme remplie de douleur de ce qu'il ne peut pas jeûner, lorsque les autres jeûnent. Quel besoin a un malade d'inviter à sa table quelqu'un qui se porte bien, pour augmenter ainsi son péché par la gourmandise d'un autre ? *Mais parce qu'il ne peut pas jeûner, il doit donner davantage aux pauvres, afin de racheter par les aumônes les péchés qu'il ne peut pas guérir par le jeûne* (1). » Quelques siècles plus tard, le concile de Seligenstadt (1022) revient sur les aumônes compensatrices : « On a décrété que tous observent avec la plus grande diligence le jeûne

(1) *Rogo vos et admoneo, fratres charissimi, ut in isto legitimo ac sanctissimo Quadragesimæ tempore, exceptis dominicis diebus, nullus prandere præsumat, nisi forte ille quem jejunare infirmitas non permittit : quia aliis diebus, jejunare, aut remedium, aut præmium est ; in Quadragesima non jejunare peccatum est. Alio tempore qui jejunat, accipiet indulgentiam : in Quadragesima qui potest et non jejunat, sentiet pœnam. Et ipse tamen qui jejunare non prævalet, secretius sibi soli, aut si est alius infirmus, cum ipso sibi in domo sua præparet quod accipiat ; et illos, qui sani sunt, et jejunare prævalent, ad prandium non invitet : quia si hoc fecerit, non solum Deus, sed etiam homines intelligere possunt, illum non pro infirmitate non posse, sed pro gula jejunare non velle. Sufficiat illi quod ipse jejunare non prævalet : et magis cum gemitu et suspirio et animi dolore manducet, pro eo, quod aliis jejunantibus, ille abstinere non potest. Quid opus est unicuique infirmo aliquem sanum rogare ad prandium, ut sibi etiam augeat de alterius gula peccatum ? Pro eo tamen quod non potest jejunare, amplius debet erogare pauperibus : ut peccata, quæ non potest jejunando curare, possit eleemosynas dando redimere. (1, P. L., t. xxxix, col. 2022-2023.)*

prescrit, quel que soit l'évêché où on le célèbre ;
et si quelqu'un veut racheter une des huit choses
interdites, qu'il nourrisse, le même jour, un pauvre
selon ses facultés (1). »

L'usage des dispenses se généralisa peu à peu,
sinon quant aux personnes, du moins quant aux
diocèses. Cette coutume entra, pour ainsi dire,
dans les mœurs. Aussi constate-t-on que presque
tous les évêques, chaque année, dans leurs man-
dements de Carême, prévoient les dispenses et
fixent les conditions auxquelles on peut les accorder et les obtenir : l'aumône aux pauvres est la
condition ordinaire. Chose étonnante, cette compensation par l'aumône n'est pas en vigueur à
Rome, la capitale du monde chrétien. J'emprunte
à M. Vacandard, *op. cit.*, col. 1749-1750, une
réponse qu'il reçut à ce sujet. Ayant consulté le
cardinal vicaire, il reçut de son secrétaire, le cha-
noine Checchi, professeur de théologie morale au
collège de la Propagande, la réponse dont nous
donnons la traduction et le texte : « A Rome,
durant le Carême, on ne prescrit aucune aumône
ni aucune œuvre de pénitence à celui qui use de
la dispense de l'indult sacré. Telle est la discipline
romaine, bien que, dans d'autres contrées, par
exemple en France, l'Ordinaire prescrive une
aumône proportionnée aux ressources des personnes (2). »

(1) *Decretum est etiam, ut omnes bannitum jejunium,
in quocumque episcopio celebratur, diligentissime observent ; et si quis illarum octo interdictarum rerum redimere voluerit, unum pauperem, prout sua facultas
erit, eodem die reficiat.* (Can. 15.)

(2) *Romæ, tempore quadragesimali, nulla eleemosyna, nullum opus pœnitentiæ imponitur illi qui induIti
sacri dispensatione utitur. Hæc est disciplinu romana,
licet aliis locis, v. g. in Gallia, ab ordinario impona-
tur eleemosyna facultatibus personarum proportionata.*
(Cette réponse porte la date du 22 avril 1904.)

La dispense est un privilège, dont il ne faut pas abuser. Puisque le Carême a perdu de sa rigueur primitive, puisque les conditions de la vie ont subi de profondes transformations, l'Eglise, dans sa tendresse et sa condescendance maternelles, a jugé à propos de faire certaines concessions. Il appartient à la conscience individuelle de se demander si vraiment elle a des motifs suffisants d'user de la dispense. D'autre part, la compensation est on ne peut plus légitime. Il est juste, en effet, que ceux qui veulent se soustraire à une obligation pénible et qui n'osent pas modifier, pour un temps déterminé, le cours normal de leur vie, fassent quelque chose en faveur des déshérités de ce monde, de ceux qui, assez souvent, n'ont même pas le strict nécessaire. N'est-ce pas là en définitive une loi de solidarité sociale ? Vous voulez dépasser le niveau ? Tendez une main secourable à votre frère pour qu'il puisse s'élever jusqu'au niveau ordinaire. Vous voulez avoir un surcroît, jouir d'un certain *maximum* ? Aidez votre frère à avoir un *minimum* indispensable. Ce que l'on accorde ainsi aux délicatesses de la nature profite à l'indigence et aux privations de cette même nature.

CHAPITRE IV

Les caractères du temps quadragésimal.

I. Le jeûne. — II. Le symbolisme du Carême.

En tant que partie de l'année, le Carême n'a rien de distinctif. Il est surtout caractérisé par le jeûne que l'on y pratique, et d'autre part il a un but, une signification. Pour mettre en relief les caractères de ce temps, il est donc nécessaire de savoir ce qu'est le jeûne, et quelle est la signification du Carême. Comme le champ que l'on pourrait parcourir est très vaste, il va de soi que nous devons nous borner à l'effleurer. Nous nous contenterons de glaner dans quelques écrits de la littérature sacrée ou chrétienne.

I. — LE JEUNE.

Le jeûne est un signe de *deuil, d'affliction,* un exercice de *pénitence.* C'est l'idée que l'on y a toujours attachée. Pour nous en convaincre, il suffira de jeter un regard sur trois sources.

1° *L'Ancien Testament.* — On y recommande le jeûne, comme une pratique de mortification. Rapportons quelques textes sur le sens desquels il n'est guère possible de se méprendre : Les serviteurs de David lui disent, II Rois, xii, 21, à la suite de la mort de son fils : « Tandis que l'enfant vivait, tu jeûnais et tu pleurais. » Ayant entendu les menaces prophétiques, Achab, III Rois, xxi, 27, déchira ses vêtements, couvrit sa chair d'un cilice, jeûna, couchait avec un sac, et marchait lentement. Les Israélites, Jud., iv, 8, s'humilient dans les jeûnes et les prières.

En présence du danger qui menace son peuple,
Esther, xiv, 2, prend des vêtements de deuil, se
met de la cendre sur la tête en place de parfums
et humilie son corps par les jeûnes. Le psalmiste
nous apprend, Ps. xxxiv, 13, qu'il humiliait son
âme dans le jeûne ; Ps. lxviii, qu'il versait des
larmes et jeûnait ; Ps. cviii, 24, que ses genoux
étaient affaiblis par le jeûne. A la lecture du livre
de Baruch, le peuple i, 5, pleure, jeûne et prie
devant le Seigneur. Le Seigneur dit, par la
bouche du prophète Joël, ii, 12 : « Convertissez-
vous à moi, du fond du cœur, dans le jeûne, les
pleurs et les larmes. » A la prière de Judas Mac-
chabée, le peuple, II Macch., xiii, 12, demande
miséricorde à Dieu dans les larmes et le jeûne (1).
Dans les circonstances critiques les auteurs de
l'Ancien Testament recommandent le jeûne. Les
textes sont assez nombreux ; il ne saurait entrer
dans notre pensée de les citer tous. Force nous
est de nous borner à de simples renvois : III Rois,
xxi, 9, 12 ; II Chron., xx, 3 ; I Esdr., viii, 21 ;
Jer., xxxvi, 9 ; Jon., iii, 5. Autre fait : lorsque Dieu
est irrité, il n'a aucun égard aux jeûnes de son
peuple ; les prophètes surtout donnent lieu à
cette constatation : Is., lviii, 4-6 ; Jer., xiv, 12 ;
Zach., vii, 5.

2° *Le Nouveau Testament.* — Jésus indique,
Mt, vi, 16-17, la manière de jeûner. La prophé-
tesse Anne, Lc, ii, 37, vivait dans le temple appli-
quée au jeûne et à la prière. Le Pharisien se glo-
rifie, Lc, xviii, 12, de jeûner deux fois la semaine.
Le choix de Paul et de Barnabé à Antioche a lieu,
Act., xiii, 2-3, au moyen du jeûne et d'autres
exercices (2). Paul déclare aux Corinthiens,
II Cor., vi, 5, qu'il se rend recommandable dans
les travaux, les veilles et les jeûnes.

3° *Les Pères apostoliques.* — L'auteur de

(1) Cf. aussi : I Esdr., viii, 23 ; II Esdr., i, 4.
(2) Cf. aussi Act., xiv, 23 (grec), 22 (latin).

l'Epître de Barnabé cite, III, 2-3, deux passages
d'Isaïe où il est question du jeûne ; VII, 3, il cite
un passage du Lévitique qui se rapporte aussi au
jeûne ; *Ibid.*, 4, il cite d'un prophète inconnu cette
sentence : « Qu'ils mangent du bouc offert dans le
jeûne pour tous les péchés (1). » La *I^a Clementis*
rappelle, LIII, 2, les quarante jours et les quarante
nuits que Moïse passa sur le mont Sinaï dans le
jeûne et l'humilité ; LV, 6, elle rappelle que Dieu,
touché par le jeûne et les humiliations d'Esther,
sauva le peuple juif. La *II^a Clementis* formule
cette appréciation : « L'aumône est bonne comme
la pénitence du péché ; le jeûne est préférable à
la prière, et l'aumône aux deux (2). »

Mais c'est le *Pasteur d'Hermas* qui revient le
plus souvent sur le jeûne. Cédons-lui la parole :
« Après quinze jours, ayant jeûné et interrogé
beaucoup le Seigneur, la science de l'Ecriture se
manifesta à moi (3). » — « Ayant jeûné souvent et
prié le Seigneur de me manifester la révélation
qu'il avait promis de me montrer par l'intermé-
de la vieille, cette même nuit la vieille m'apparut
et me dit, etc. (4). » — [La vieille me dit] : « jeûne
donc et tu recevras ce que tu demandes au Seigneur ; » je jeûnai donc un jour et un petit jeune

(1) Καὶ φαγέτωσαν ἐκ τοῦ τράγου τοῦ προσφερομένου τῇ νηστείᾳ ὑπὲρ πασῶν τῶν ἁμαρτιῶν.

(2) καλὸν οὖν ἐλεημοσύνη ὡς μετάνοια ἁμαρτίας · κρείσσων
νηστεία προσευχῆς, ἐλεημοσύνη δὲ ἀμφοτέρων.

(3) Μετὰ δὲ δέκα καὶ πέντε ἡμέρας νηστεύσαντός μου καὶ
πολλὰ ἐρωτήσαντος τὸν κύριον ἀπεκαλύφθη μοι ἡ γνῶσις τῆς
γραφῆς. (*Vis. II, 2¹.*)

(4) νηστεύσας πολλάκις καὶ δεηθεὶς τοῦ κυρίου, ἵνα μοι φανε-
ρώσῃ τὴν ἀποκάλυψιν, ἣν μοι ἐπηγγείλατο δεῖξαι διὰ τῆς πρεσβυ-
τέρας ἐκείνης, αὐτῇ τῇ νυκτί μοι ὦπται ἡ πρεσβυτέρα καὶ εἶπέν
μοι, κ. τ. λ. (*Vis. III, 1².*)

homme m'apparut dans la nuit et me dit, etc. (1). »
— Jeûnant assis sur une montagne et rendant
grâces à Dieu, Hermas voit le pasteur qui lui
demande pourquoi il est venu de si bonne heure en
ce lieu, et ce qu'est la « station ». Un petit dialogue
s'engage entre les deux : « Seigneur, je jeûne, dit
Hermas. — Quel est le jeûne que vous jeûnez,
demande le pasteur. — Je jeûne selon la coutume.
— Vous ne savez pas, reprend le pasteur, jeûner au
Seigneur, et le jeûne que vous jeûnez n'est pas
inutile. — Pourquoi dis-tu cela, Seigneur ? — Je
te dis que le jeûne, que vous paraissez jeûner,
n'est pas le jeûne, mais je t'enseignerai ce qu'est
le jeûne plein et acceptable au Seigneur. Ecoute.
Le Seigneur ne veut pas un tel jeûne vain ; en
jeûnant ainsi à Dieu, tu ne fais rien pour la justice ;
jeûne à Dieu ce jeûne. Ne fais pas de mal dans ta
vie et sers le Seigneur, dans un cœur pur ; observe
ses commandements, marchant dans ses préceptes, et qu'aucun désir mauvais ne monte dans
ton cœur ; crois à Dieu, que, lorsque tu feras ces
choses, que tu le craindras, et que tu t'abstiendras
de toute mauvaise action, tu vivras à Dieu ; et si
tu fais cela, tu feras un jeûne grand et acceptable
à Dieu (2). »
Un peu plus loin, on reprend le même thème :
« Le jeûne de ceux qui observent les commandements du Seigneur est très bon. Tu observeras
donc ainsi le jeûne, que tu pratiqueras. En premier
lieu préserve-toi de toute parole mauvaise et de
tout mauvais désir, et purifie ton cœur de toutes les
vanités de ce monde ; si tu observes cela, ton
jeûne sera parfait. » Le pasteur entre dans des
applications pratiques, où l'on entrevoit déjà les

(1) νήστευσον οὖν, καὶ λήμψη, ὃ αἰτεῖς παρά τοῦ κυρίου ·
ἐνήστευσα οὖν μίαν ἡμέραν, καὶ αὐτῇ τῇ νυκτί μοι ὤφθη νεανίσκος
καὶ λέγει μοι, κ. τ. λ. (*Ibid.* 10⁶⁻⁷).

(2) *Sim.* V, 1²⁻⁵.

premiers linéaments de l'aumône : « Le jour de jeûne, tu ne prendras que du pain et de l'eau, et des des mets, que tu aurais mangés, calculant la dépense que tu aurais faite ce jour-là, tu la donneras à la veuve, à l'orphelin ou au nécessiteux, etc. (1). Si tu accomplis ton jeûne, comme je te l'ai ordonné, ton sacrifice sera acceptable auprès de Dieu, et le jeûne sera inscrit [au livre de vie], etc. (2). »

À côté des sources authentiques, il ne sera peut-être pas inutile d'utiliser quelques matériaux de la littérature apocryphe. On constatera une fois de plus que l'on a toujours attaché au jeûne une valeur morale. Nous lisons dans la *Passion de Barthélemy* : « Le diable qui avait vaincu par la manducation de l'homme perdit sa victoire par le jeûne de celui qui s'est méprisé lui-même (3). » Les *Acta Philippi* parlent de vierges jeûnant chaque jour (4). Les *Acta Thomæ* attestent que Thomas jeûnait et priait continuellement, qu'il ne mangeait que du pain avec du sel et ne buvait que de l'eau (5) ; il distribua aux autres du pain, de l'huile, des légumes et du sel ; quant à lui il persé-

(1) La pensée est celle-ci : Puisque le jour de jeûne tu ne dois prendre que du pain et de l'eau, tu donneras à la veuve, à l'orphelin ou au pauvre, l'argent que tu aurais dû dépenser pour te nourrir comme les jours ordinaires.

(2) *Ibid.*, 3⁵⁻⁸. L'idée fondamentale du *Pasteur*, c'est que le meilleur jeûne consiste à pratiquer la vertu et à s'abstenir du vice.

(3) *Hic ergo diabolus, qui per manducantem hominem vicerat victoriam suam, per jejunantem et se contemnentem amisit* (4, 10). M. Bonnet, *Acta apostolorum apocrypha*, ii, 1, Leipzig, 1898, p. 136.

(4) αἱ παρθενεύουσαι, νηστεύουσαι καθ' ἑκ[αστὴν] ἡμ[εραν]. (142, *ibid*, ii, 2, p. 79.)

(5) συνεχῶς γὰρ νηστεύει καὶ εὔχεται, καὶ ἄρτον ἐσθίει μόνον μετὰ ἄλατος, καὶ τὸ ποτὸν αὐτοῦ ὕδωρ. (20, *ibid.*, ii, 2, p. 131)

vérait dans son jeûne (1) ; il se glorifia de sa pauvreté, de sa philosophie, de son humilité, de son jeûne et de sa prière (2). Ces écrits apocryphes, qui n'ont pas de valeur historique, sont cependant recevables lorsqu'ils exaltent une pratique, car, dans ce cas, ils sont les témoins d'une idée morale qui avait pénétré dans les milieux chrétiens. C'est parce qu'on appréciait beaucoup le mérite du jeûne, qu'ils ont soin d'y insister (3).

II. — LE SYMBOLISME DU CARÊME.

Je voudrais terminer par quelques courtes considérations sur ce sujet. Naturellement nous ne pouvons pas épuiser la matière. Nous glanerons quelques épis dans le champ de la littérature chrétienne.

Les *Constitutions apostoliques* affirment que le jeûne du Carême contient le souvenir de la conduite et de la législation du Seigneur (4). Pour saint Jean Chrysostome, le Carême est un temps d'expiation et de purification : « Nos pères, dit-il, comprenant combien il serait néfaste de s'approcher témérairement des saints mystères, ont déterminé quarante jours de jeûne, de prières, d'audition de la parole de Dieu et de réunions, afin que, pendant ces jours, nous purifiant tous par les prières, par l'aumône, par le jeûne, par les

(1) αὐτὸς δὲ παρέμεινεν τῇ ἑαυτοῦ νηστείᾳ, κ. τ. λ. (29, *ibid.*, II, 2, p. 146.)

(2) ἐγὼ δὲ καυχῶμαι ἐπὶ πενίᾳ καὶ φιλοσοφίᾳ καὶ ταπεινότητι καὶ νηστείᾳ καὶ εὐχῇ, κ. τ. λ. (139, *ibid.*, 2, p. 246).

(3) Saint Thomas, *Sum. theol.*, II[a]–II[ae], q. CXLVII, a. 1, prouve que le jeûne est un acte de vertu.

(4) [νηστεία] μνήμην περιέχουσα τῆς τοῦ Κυρίου πολιτείας τε καὶ νομοθεσίας. (v, 13, P. G., t. I, col. 861-864.) Ce texte a passé dans la Lettre du Pseudo-Ignace aux Philippiens, XIII, 3 ; cf. FUNK, *Patres apostolici*, t. II, p. 120.

veilles, par les larmes, par l'exomologèse et d'autres exercices, nous nous approchions des mystères avec une conscience pure selon notre pouvoir... Nous jeûnons, non à cause de la Pâque, ni à cause de la croix, mais à cause de nos péchés, parce que nous devons nous approcher des mystères (1). » Il se réjouit de pouvoir annoncer l'arrivée du Carême, qui est un remède pour les âmes. Le Seigneur nous aimant comme un père aime ses enfants, voulant nous faire expier les péchés de la vie passée, a trouvé le remède du jeûne (2). Sur les chemins publics, il y a des points d'arrêts, où les voyageurs fatigués se reposent pour pouvoir continuer leur marche ; la mer a des rivages et des ports où les navigateurs se reposent afin de reprendre leur voyage : il en est de même du Carême (3).

D'autres Pères cherchent dans la Bible le symbolisme du jeûne quadragésimal. Nous en avons

(1) οἱ πατέρες... συνελθόντες ἐτύπωσαν ἡμέρας τεσσαράκοντα νηστείας, εὐχῶν, ἀκροάσεως, συνόδων, ἵν' ἐν ταῖς ἡμέραις ταύταις καθαρθέντες μετ' ἀκριβείας ἅπαντες καὶ δι' εὐχῶν, καὶ δι' ἐλεημοσύνης, καὶ διὰ νηστείας, καὶ διὰ παννυχίδων, καὶ διὰ δακρύων, καὶ δι' ἐξομολογήσεως, καὶ διὰ τῶν ἄλλων ἁπάντων, οὕτω κατὰ δύναμιν τὴν ἡμετέραν μετὰ καθαροῦ συνειδότος προσίωμεν... οὐ γάρ διὰ τὸ πάσχα νηστεύομεν, οὐδὲ διὰ τὸν σταυρὸν, ἀλλὰ διὰ τὰ ἁμαρτήματα τά ἡμέτερα, ἐπειδὴ μέλλομεν μυστηρίοις προσιέναι. (*Adv. Jud.*, III, 4, P. G., t. XLVIII, col. 867.)

(2) ... μηνυτὴς ὑμῖν γενέσθαι βουλόμενος τῆς παρουσίας τῆς ἁγίας τεσσαρακοστῆς, τοῦ φαρμάκου λέγω τῶν ἡμετέρων ψυχῶν. Καθάπερ γὰρ πατὴρ φιλόστοργος ὁ κοινὸς ἁπάντων ἡμῶν Δεσπότης, βουλόμενος ἡμᾶς ἀπονίψασθαι τὰ ἐν παντὶ τῷ χρόνῳ ἡμῖν ἡμαρτημένα, καὶ διὰ τῆς ἁγίας νηστείας ἐπενόησεν ἡμῖν θεραπείαν. (*In Gen.*, I, 1, P. G., t. LIII, col. 21.)

(3) τὸν αὐτὸν δὲ τρόπον καὶ νῦν, ἐπὶ τῆς ἁγίας Τεσσαρακοστῆς, τοῖς τὸν δρόμον τῆς νηστείας καταδεξαμένοις, καθάπερ σταθμοὺς, καὶ καταγώγια, καὶ ἀκτὰς, και αἰγιαλοὺς, καὶ λιμένας, κ. τ. λ. (*In Gen.*, 11, 2, P. G., t. LIII, col. 92.)

déjà dit quelques mots en passant. Ecoutons saint Ambroise : « Quarante est un nombre mystique. L'eau des abîmes, pendant quarante jours, a inondé la terre (1) ; c'est par un jeûne de quarante jours, que le prophète obtient la clémence d'un ciel plus serein (2). Moïse mérita par un jeûne de quarante jours d'obtenir la loi (3). Pendant quarante ans, nos pères, errant dans le désert, obtinrent le pain des anges et la grâce d'une nourriture céleste et ils ne méritèrent pas d'entrer dans la terre promise avant d'accomplir la durée du nombre mystique. C'est par le jeûne de quarante jours du Seigneur que l'entrée dans l'Evangile nous est ouverte. Si donc quelqu'un veut acquérir la gloire de l'Evangile et recueillir le fruit de la résurrection, il ne doit pas transgresser le jeûne mystique. Moïse dans la loi et le Christ dans son Evangile l'ont désigné, par l'autorité des deux Testaments, comme un fidèle combat de la vertu (4). » Ces mêmes réflexions reviennent sous la plume de

(1) *Gen.*, vii, 12.

(2) III *Rois*, xix, 8.

(3) *Exod.*, xxxiv, 23.

(4) *Mysticum numerum recognoscis. Tot enim diebus aquas abyssi effusas esse meministi, et tot jejunio dierum sanctificato propheta, refusam cœli serenioris esse clementiam. Tot jejunio dierum sanctus Moyses perceptionem Legis emeruit. Tot annos in eremo constituti patres panem angelorum et celestis alimoniæ gratiam consecuti sunt : nec antequam mystici numeri tempus explerent, terram repromissionis intrare meruerunt. Tot jejunio dierum Domini nobis in Evangelium patescit ingressus. Unde si quis Evangelii gloriam fructumque resurrectionis optat adipisci, mystici jejunii prævaricator esse non debet, quod et in Lege Moyses, et in Evangelio suo Christus utriusque Testamenti auctoritate præscripsit fidele virtutis esse certamen. (Expos. Evang. sec. Luc.,* iv, 15, P. L., t. xv, col. 1617).

saint Jérôme. Comme Ambroise, Jérôme demande à l'Ecriture le symbolisme du jeûne des quarante jours (1).

De tous les Pères de l'Eglise, Augustin est peut-être celui qui a découvert le plus de symboles du jeûne quadragésimal. Exposons quelques-unes de ses interprétations. Le Décalogue prêché dans les quatre parties du monde nous donne $10 \times 4 = 40$ (2). Ailleurs, tout en répétant le symbolisme de 4 [Evangiles] $\times$ par 10 [Décalogue], il en indique un autre : la formation de l'homme dans le sein de sa mère dure quarante jours (3).

(1) *Porro quadragenarius numerus convenit peccatoribus et jejunio et orationi, et sacco, et lacrymis, et perseverantiæ deprecandi : ob quod et Moyses quadraginta diebus jejunavit in monte Sina, et Elias fugiens Jesabel, indicta fame terræ Israel, et Dei desuper ira pendente, quadraginta dies jejunasse describitur. Ipse quoque Dominus verus Jona missus ad prædicationem mundi, jejunat quadraginta dies : et hæreditatem nobis jejunii derelinquens, ad esum corporis sui sub hoc numero nostras animas præparat. (In Jonam, III, 4, P. L., t. xxv, col. 1140.) — In isto numero quadragesimæ nobis ostenditur sacramentum in quo et Moses jejunavit in monte Sina et Elias juxta montem Oreb. Permittitur autem esurire corpus, ut diabolo tentandi tribuatur occasio. (In Matth., 1, IV, 2, P. L., t. xxvI, col. 31.)* Nous avons déjà vu que Grégoire le Grand indique aussi ce symbolisme.

(2) *Quamdiu perfectio Decalogi Legis, tanquam psalterium decem chordarum, per quatuor ejusdem mundi partes, id est toto orbe prædicatur, ut decem quater ducta quadragenarium numerum signent. (In Ps. CX, 1, P. L., t. xxxvII, col. 1463.)*

(3) *Crux, inquam, ista non quadraginta dierum est, sed totius hujus vitæ, quæ mystico numero quadraginta istorum significatur dierum ; sive quod homo ducturus hanc vitam, sicut nonnulli asserunt, diebus qua-*

Un troisième symbolisme est plus compliqué : il porte sur la valeur mystique des nombres, et dénote l'ingéniosité d'Augustin. Le nombre 7 indique la création, parce que Dieu a travaillé pendant 6 jours et s'est reposé le 7e ; le nombre 3 indique le Créateur : le Père, le Fils et le Saint-Esprit. Le nombre 10 qui est la somme de 7 + 3, est la plénitude de la sagesse, parce qu'il nous permet de distinguer la créature du Créateur. D'autre part le nombre 4 est un nombre privilégié : l'année se compose de quatre saisons ; l'Ecriture mentionne quatre vents ; l'Evangile s'est répandu aux quatre points cardinaux ; l'Eglise occupe les quatre parties du monde. Nous avons donc $10 \times 4 = 40$ (1).

draginta formatur in utero, etc. (*Serm. CCV*, 1, P. L.,t. xxxviii, col. 1039.)

(1) *Septenarius enim numerus indicat creaturam : quia sex diebus Deus operatus est, et septimo ab operibus quievit. Ternarius vero numerus conditorem Patrem et Filium et Spiritum sanctum insinuat. Perfecta est sapientia, creaturam creatori pie subdere ; discernere conditorem a conditione, artificem ab operibus. Qui commiscet artifici opera, nec artem intelligit, nec artificem : qui autem discernit, impletur sapientia. Iste est ergo denarius, plenitudo sapientiæ. Sed quando temporaliter distribuitur ; quia in quaternario numero est insigne temporalium, quater ductus denarius quadragenarium numerum facit. Et annus quadrifarie variatur, verno, œstate, autumno et hieme : et maxime apparet in tempore quaternaria quædam vicissitudo. Quatuor etiam ventos Scriptura commemorat. Per quatuor enim cardines perrexit Evangelium, quod in tempore dispensatur : et ipsa est catholica Ecclesia, quæ quatuor partes orbis obtinuit. Ergo denarius hoc modo quadragenarium numerum facit.* (*Serm. CCLI*, 10, P. L., t. xxxviii, col. 1177-1178.)

CONCLUSION

La conclusion qui se dégage de cette étude tient tout entière en trois propositions. Le jeûne du Carême est une institution ecclésiastique ; il n'est donc pas d'origine apostolique. Le Carême a subi, dans le cours des âges, de nombreuses transformations : c'est une évolution dont les documents nous permettent de décrire la courbe. Durant cette évolution le Carême a toujours perdu de sa rigueur primitive ; la nature humaine, rebelle aux austérités, a fait fléchir la sévérité de la loi, et l'Eglise, sage appréciatrice des circonstances, a sanctionné de son autorité toutes ces modifications. La loi du développement trouve dans le Carême une éclatante illustration, et la vie de l'Eglise s'y manifeste d'une manière continue. D'autre part, fidèle à sa mission de directrice des âmes, l'Eglise a su adapter son Institution aux exigences des temps et des hommes. C'est ainsi que le Carême est devenu, par des étapes successives, ce qu'il est aujourd'hui.

TABLE DES MATIÈRES

1265-06. — Imp. des Orph.-Appr., F. Blétit, 40, rue La Fontaine, Paris.

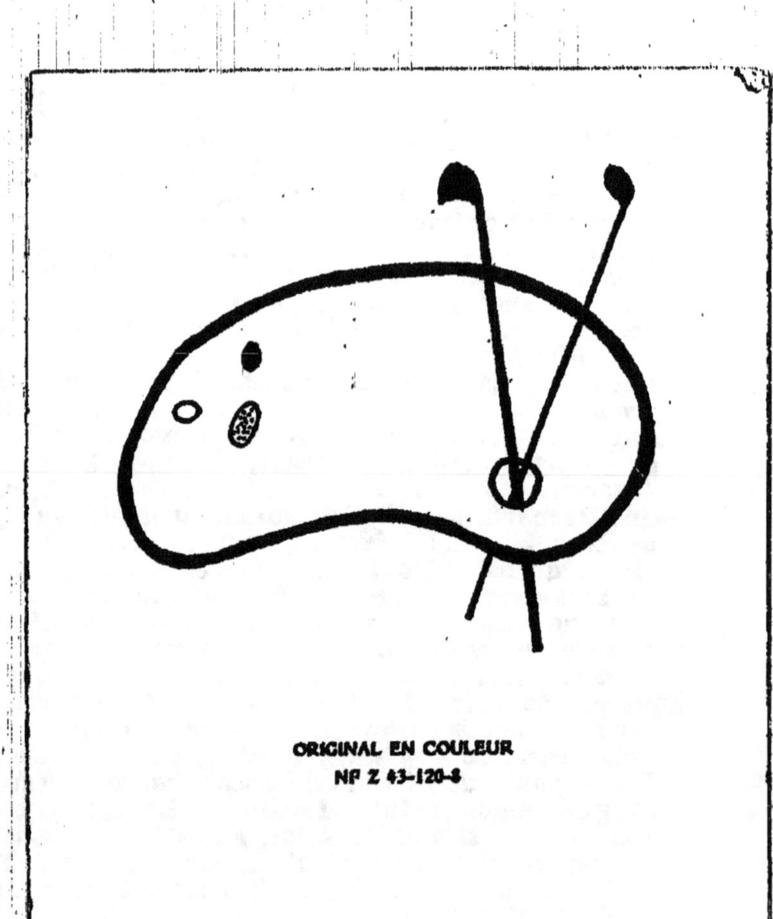

ORIGINAL EN COULEUR
NF Z 43-120-8